Sibille Fuhrken

Glücksorte auf den dänischen Inseln

Fahr hin & werd glücklich

Dieses

Glücksbuch

ist für

Liebe Glücksuchende,

willkommen auf den dänischen Inseln! Nicht nur Segler lieben diese Region Dänemarks, zu der eines der beliebtesten Segelreviere des Nordens zählt: das südfünische Inselmeer. Auch Kulturinteressierte, Naturliebhaber und vor allem Freunde guter und besonderer Küche sind begeistert von dieser Region.
Auf den kleinen Inseln kann man einen echten Inselsommer erleben und so seinen Urlaub verbringen, wie es ein Großteil der Dänen im eigenen Land Jahr für Jahr macht. Fünen begeistert mit Festivals, Kultur und Schlössern – nicht zu vergessen die fantastischen Ostseestrände und zahllosen kleinen Buchten, während Tåsinge jede Menge Geschichten zu erzählen weiß. Die einzigartige Atmosphäre der Insel Ærø mit ihrem Kopfsteinpflaster und bunten Badehäuschen verzaubert auf den ersten Blick jeden Besucher und Langeland wartet auf mit Weltklasse-Kunst und frei lebenden Ponys. Auf Møn, Nyord und Bogø können Sie Steilküste und Dark Sky erleben, Lolland und Falster bieten Mittelalter, Kunst und hyggelige Strände. Und Seeland, ja auf Seeland ist noch mal alles vereint – grandiose Kulturerlebnisse und fantastische Natur, wilde Geschichten und immer im Blick: das blau funkelnde Meer.
Kommen Sie mit mir auf Entdeckungsreise auf die dänischen Inseln, lassen Sie sich begeistern von dieser wunderschönen Region und finden Sie hier Ihre ganz besonderen Glücksorte.

Ihre Sibille Fuhrken

GLÜCK

Deine Glücksorte ...

… noch mehr Glück für dich

Ærøs Wahrzeichen

1 Die Badehäuschen am Vesterstrand

Fantastisk! Storslået! Vidunderlig! Die Dänen haben viele Wörter für Orte wie Urehoved auf Ærø. Die Landzunge zieht sich von Ærøskøbing gen Nordwesten in die Ostsee und wer sie im frühen Abendlicht besucht, wird sofort wissen, was mit „Fantastisch! Großartig! Wunderbar!" gemeint ist. In Zitronengelb, Rot-Weiß, blassem Blau, Heidelila und Hellgrün setzen sich die Badehäuschen am Vesterstrand, von denen die ältesten über 100 Jahre alt sind, gestochen scharf und knallbunt vom Himmelblau ab. Color Blocking auf Ærøsk – das kommt niemals aus der Mode. Diese wahre Sinfonie der Farben wird im Sommer noch vom Duft der Heckenrosen berauscht und mit der salzigen Brise des Meeres gewürzt.

Die Badehäuschen wurden hier in den 1920er-Jahren errichtet, als das gute Strandleben plötzlich nicht mehr nur der Elite vorbehalten war und es sich auch weitere Einwohner der Insel leisten konnten, im kühlen Meer zu schwimmen und am Strand ein wenig Sonne zu tanken. Anfangs wurden im Frühling Stege ins Wasser gebaut, an deren Enden die Häuschen dann positioniert wurden. So wurde sichergestellt, dass der Badespaß der Herren und vor allem der der Damen nicht von unerwünschten Blicken gestört wurde. Am Ende der Badesaison wurden die Häuschen dann wieder vom Steg genommen und zum Überwintern an den Strand gebracht. Heute braucht man keine Stege mehr. Und auch wenn die Häuschen – ganz wie früher – weder Strom noch Wasser haben, genießt man entspannt auf der kleinen Terrasse vor seinem Badehäuschen den Tag und kann jederzeit einen Spaziergang am lang gezogenen Strand machen, vielleicht ein paar Muscheln sammeln oder Abkühlung im Meer suchen. Die Blicke von rechts und links gelten höchstens mal dem Grillgut, das gegen Abend seinen Duft verbreitet und kulinarische Begehrlichkeiten weckt. Solch ein Badehäuschen wird in der Regel vererbt, bleibt in der Familie und wird normalerweise nicht vermietet – und dennoch ist es ein wahres Glück, sich in dieser Kulisse wiederzufinden. Auch nur als Zuschauer.

TIPP

Wer jetzt noch Hunger hat, der findet bestimmt das Richtige direkt im Hafen in der Ærøskøbing Røgeri.

● Badehusene, Vester Strandvej, 5970 Ærøskøbing, Ærø

Blick über das Inselmeer

2

Am Skjoldnæs Fyr auf Ærø

Von Søby im Westen der Insel Ærø aus führt ein 5 Kilometer langer Weg bis an den westlichsten Punkt der Insel: Skjoldnæs Fyr. Der 1881 errichtete, 22 Meter hohe Leuchtturm gehört zu den schönsten in ganz Dänemark. Die Aussicht vom Turm sollte man sich keinesfalls entgehen lassen. 57 Stufen führen hinauf zu einem fantastischen Ausblick, der bei gutem Wetter gen Süden bis zur Flensburger Förde reicht, im Westen die Insel Als erahnen lässt und gen Norden einen grandiosen Blick eröffnet über das südfünische Inselmeer, auch Dänische Südsee genannt – ja, selbst dic Stadt Faaborg auf Fünen ist bei guter Sicht zu erkennen. Aber auch bei weniger guten Sichtverhältnissen lohnt sich ein Besuch des Skjoldnæs Fyr. Die vielen Segler, die auf ihrem Weg in oder aus der Dänischen Südsee die Landzunge passieren, an deren Ende der Leuchtturm zu finden ist, geben ein einzigartig schönes, geradezu klassisches Bild ab: weiße Segel auf tiefblauem Meer. Unbedingt ein Fall für Fotoapparat oder Leinwand!

Der Leuchtturm ist darüber hinaus ein beliebter Ort zur Sternenbeobachtung. Nach Einbruch der Dunkelheit eröffnet hier der Blick nach oben neue, funkelnde Welten. Im ehemaligen Wohnhaus des Leuchtturmwärters befindet sich heute das Clubhaus des Ærø Golf Clubs, der sich rühmt, einen der schönsten Plätze des Landes zu haben.

Vom Parkplatz aus gelangt man über einen kleinen Weg hinunter zum Strand – allerdings sollte man tunlichst auf dem Weg bleiben und nicht über den Golfplatz laufen. Seitlich des Weges befindet sich die Dronningens Hule, die Höhle der Königin. Eine Sage berichtet von zwei frisch vermählten Königskindern, die Ærø nach der Hochzeit verließen, in einen Herbststurm gerieten und ertranken – die später an Land gespülten Überreste der Braut wurden hier begraben.

Weniger dramatisch geht es im nahe gelegenen Naturgebiet Næbbet zu, in dem zahlreiche Vogelarten einen Rastplatz finden. Es empfiehlt sich also, nicht nur für den Blick vom Skjoldnæs Fyr ein Fernglas dabeizuhaben.

TIPP

Finn's Bageri in Søby ist Pflicht für jeden, der traditionelles Bäckerhandwerk zu schätzen weiß.

● Skjoldnæs Fyr, Skjoldnæsvej, 5985 Søby, Ærø

Nachhaltige Hygge

3 Den Gamle Købmandsgaard in Ærøskøbing

Der perfekte Milchschaum auf einer Keramiktasse voll duftenden, heißen Kaffees. Knusprig gebackene Käsesandwiches auf dem Teller, deren Anblick einem bereits das Wasser im Mund zusammenlaufen lässt. Auf dem Tisch eine leere Flasche Ærø Whisky, die als Kerzenhalter dient. Eine wohlige Geräuschkulisse erfüllt den Raum – lebendig, aber nicht laut. Die Atmosphäre in Den Gamle Købmandsgaard am Marktplatz von Ærøskøbing ist einzigartig – heimelig und doch lässig, gemütlich, aber ohne Plüsch. Hier sitzt man – hat man denn das Glück, einen Tisch zu ergattern – inmitten sorgfältig ausgewählter Spezialitäten von der Insel und lokal produzierter Produkte. Und auch wenn sich die Besitzer Rikke Bisgaard Pelle und Lennart Hansen bezüglich ihres Sortiments „wenig, aber gut" auf die Fahnen geschrieben haben, scheint die Vielfalt der Produkte riesig. Neben Bier und Brændevin, Whisky und Lakritz, Salz und Chilisoße gibt es Seife, handgewebte Handtücher, Keramik, Sojakerzen und Papierwaren – alles Erzeugnisse und Produkte direkt von der Insel.

TIPP

Im Sommer unbedingt den Innenhof besuchen und Ærø-Whisky verkosten!

Aber neben dem „Besten von Ærø" findet sich auch eine Auswahl an feinen, erlesenen Waren von kleinen Produzenten aus den Nachbarregionen in den Regalen – und manchmal auch von noch weiter weg. Für diese Fälle hat Den Gamle Købmandsgaard das Produkt-Kilometer-Etikett erfunden, durch das man als Kunde genau über die Anzahl der Kilometer, die ein Artikel zurückgelegt hat, bevor er in den Regalen des gemütlichen Ladens landet, informiert wird. Vollständige Transparenz der Lieferwege als Pflicht und vor allem als Wunsch – genau wie neben der Regionalität auch Nachhaltigkeit und Qualität ganz oben auf der Liste stehen. Nicht zu vergessen: der Wohlfühlfaktor. Den Gamle Købmandsgaard ist der gemütlichste Treffunkt der Stadt – für alte und neue Bewohner der Insel und natürlich für die Gäste, die diese besondere Insel besuchen. Die liebevoll zubereiteten Köstlichkeiten und die besondere Atmosphäre zeichnen diesen wundervollen Ort als echten Glücksort aus.

● Den Gamle Købmandsgaard, Torvet 5, 5970 Ærøskøbing, Ærø, Tel. +45 91 25 59 70
www.dgkshop.com

BESTIL VENLIGST HER - PLEASE ORDER HERE
HUSETS STEMPEL KAFFE/FRENCH PRESS
CAFE LATTE/CAPPUCCINO 40,-
AMERICANO 30,-
ESPRESSO 25,-
TEA 30,-
VARM CHOKOLADE/HOT CHOKO 40,-
FILTER KAFFE 25,-
DRINK
HOUSE WINE 60,-
NATURFRISK SODAVAND/SODA
DANSK VAND/SPARKLING WATER 30,-
KILDEVAND/STILL WATER 22,-
A.H. RIISE
SNAPS + SOGNEFOGEDGÅRDEN AQUA VITAE
Ø PLAKATER
KOLORO
FANGST

Amphitheater der Natur

4

Die Steilküste Vorderup Klint auf Ærø

Auf einer Länge von 3,5 Kilometern erstreckt sich die mächtige, 33 Meter hohe Steilküste Vorderup Klint im Westen der Insel Ærø. Vom kleinen Parkplatz oberhalb des großen Naturareals aus bietet sich dem Besucher ein fantastischer Blick über das Meer und die besondere Landschaft. Die wurde geformt von der letzten Eiszeit, in der große Teile des Erdreichs Stück für Stück die Klippe runterrutschten – heute sieht es fast so aus, als wären hier gigantische Treppenstufen in die Landschaft platziert worden. Oder eine Art Amphitheater der Natur – mit dem Meer als Arena.

Diesen Ausblick sollte man unbedingt genießen, bevor man sich auf steilen Pfaden, teilweise auf eingetretenen Stufen und einer kleineren Holztreppe aufmacht auf den Weg hinunter zum steinigen Strand. Der Anblick der Steilküste von unten ist mindestens ebenso beeindruckend wie von oben. Schier endlos kann man hier am Strand entlangwandern und sich auf die Suche nach Lochsteinen machen, jenen Steinen, die volkstümlich als Hühnergott bezeichnet werden und denen – je nach Region – ganz besondere Kräfte angedichtet werden. Die Westküste der Insel ist bekannt für ihr reiches Vorkommen dieser vor bösen Geistern schützenden Steine. An Kordeln oder Tauen aufgefädelt sieht man sie vielerorts in Gärten oder an Häusern hängen.

TIPP

Markanter Punkt direkt an der Küste sind auch die Überreste der Skt. Alberts Kirke nahe Vejsnæs.

Aber wer die Küste hinabgestiegen ist, muss auch irgendwann wieder hinauf. Ist man oben angekommen, kann man sich auf einer der hübsch platzierten Bänke und an einem der kleineren Tische vom Aufstieg erholen. Idealerweise hat man einen gefüllten Picknickkorb dabei. Egal ob man hier eine kleine Frokost zelebriert oder sich Kaffee und ein Stück dänischen Kuchen schmecken lässt – es ist eine wahre Wonne an diesem Ort und nur sehr schwer zu überbieten.

Lediglich ein Besuch am Abend kann solch einen Moment toppen, wenn hier die Sonne das Meer küsst und Besucher Zeugen eines atemberaubenden Sonnenuntergangs werden. Ein romantisches Naturschauspiel, das seinesgleichen sucht und in Erinnerung bleiben wird.

● Vorderup Klint, Parkplatz am Ende des Mølledamsvej, 5970 Ærøskøbing, Ærø

Der Duft des Inselsommers

5 Die Soap Company auf Ærø

Wie duftet der dänische Inselsommer? Wer jetzt sofort einen Geruch in der Nase hat, wird vielleicht auch schon mal den Wunsch gehabt haben, solch einen Duft einzufangen und mitnehmen zu können. Der betörende Duft der Dünenrosen an einem warmen Tag auf dem Weg zum Strand, der warme Sand, salziger Tang an der Meereskante, Lavendel bei einem Spaziergang an einem warmen Sommerabend, Holunderblüten oder der süße Duft von Geranien, der mit seiner Note von Zitrone fast in südlichen Gefilden verortet werden kann.

Die gute Nachricht ist: Diese Düfte können eingefangen und als Urlaubserinnerung mit nach Hause genommen werden. In der wundervollen Soap Company mitten auf der Insel Ærø ist genau das Tagesgeschäft. „Was liegt näher, wenn man die Düfte des Sommers liebt, als etwas zu kreieren, das sie einfängt?", fragten sich Susanna und John, die sich nach Stationen in Kanada, Schottland, Deutschland und Irland von der kleinen Insel im Sturm erobern ließen. „Das einzigartige Klima und der ruhige Pulsschlag" waren ausschlaggebend, sich auf Ærø niederzulassen.

TIPP

Handgewebtes von Ceciliasminde gibt es hier ebenfalls.

Die Natur, die Menschen und der Geist der Insel ermöglichen es ihnen, kreativ zu arbeiten und etwas zu produzieren, das Freude macht und gleichzeitig die Sinne anspricht. Im traditionellen Heißverfahren stellen sie Bio-Seifen aus ausschließlich natürlichen Inhaltsstoffen her und können aus ihrem blühenden Garten mit Blumen, Kräutern und Massen an Lavendel aus dem Vollen schöpfen. Hautfreundlich und hypoallergen, zu 100 Prozent vegan und ohne Tierversuche hergestellt, duften ihre Seifen mit so klangvollen Namen wie *Ærøsk Lavendel*, *Ø-Sommer* oder *Duftrose* nach der Frische des Meeres und dem Naturreichtum Ærøs.

Im kleinen, sehr stilvoll-nordischen Laden kann man sorgsam auswählen, welches Stück dänischen Inselsommers mit nach Hause kommt. Jedes einzelne ist es wert. Und weil laut John „life not all about soap" ist, gibt es im Sommer auch Eis und Softdrinks und zwei Sofas, von denen man(n) einen guten (Shopping-)Überblick hat.

● Ærø Soap Company, Vester Bregninge 31, 5970 Ærøskøbing, Ærø, Tel. +45 31 87 78 90, www.aeroesoap.dk

Ein Stück Geschichte

6 Søby Volde & Søbygaard auf Ærø

Stolze 34 Meter über dem Meeresspiegel erhebt sich die mächtige, gut erhaltene Wallanlage aus dem 12. Jahrhundert, die einst als königliche Verteidigungsanlage gegen die Wenden diente. Und hat man die dreigeteilte Wehranlage einmal erklommen, wird man belohnt mit einer fantastischen Aussicht über Vitsø Noor, Ostsee und das Hinterland.
Archäologische Untersuchungen ergaben, dass die Wälle einmal von Holzpalisaden gekrönt waren und eine Burg – ebenfalls aus Holz und Grassoden errichtet – schützten. Zu dieser Zeit war das Vitsø Noor noch schiffbar und die Burg von der Ostsee aus direkt erreichbar. Gleichzeitig diente das Noor als natürlicher Hafen, an dessen Ufern sich ein Dorf im Schutze der Burg entwickelte. Siedlungsspuren bezeugen vor allem für das 12. und 13. Jahrhundert einen geschäftigen Handelsplatz mit Verbindung zu zahlreichen Ostseeanrainern. Die Burg verlor bereits Mitte des 13. Jahrhunderts an Bedeutung und mit zunehmender Versandung des Noors verschwand auch das Dorf. Doch Ende des 16. Jahrhunderts erschien Hans der Jüngere auf dem Spielplan und errichtete in unmittelbarer Nähe zur Wallanlage Søbygaard, einen herzoglichen Gutshof, der hier auf Ærø auch gerne als Schloss bezeichnet wird.
Das kleine Schlösschen hat eine turbulente Geschichte mit zahlreichen Eigentümerwechseln, Herzögen und Fürsten, Verfall, Umbauten und Wiederaufbau hinter sich und ist letztlich Denkmal für die politische Geschichte der Insel. Heute ist die Stiftung Søbygaard hier federführend und führt Stück für Stück Restaurierungsarbeiten durch. Es gibt Ausstellungen und im eigens dafür errichteten Saal Kammerkonzerte, die überaus beliebt sind.
Wer sich lieber der Natur als der Kultur widmet, sollte auf jeden Fall eine kleine Wandertour um den heutigen See Vitsø unternehmen. Auf Abschnitten des Wanderweges Øhavsstien am nördlichen Ufer des Sees, am südlichen auf Trampelpfaden, kann auf einer Strecke von gut 5 Kilometern dieses herrliche Naturgebiet umrundet werden.

TIPP

Nicht weit entfernt gibt es bei Ærø Vin Weinbergführungen und Weinproben nach Vereinbarung.

● Søbyvolde & Søbygaard, Søbygaardsvej, 5985 Søby, Ærø

Die Welt der Seefahrt

7 Das Marstal Søfartsmuseum

Mehr als 250 Modellschiffe, zahlreiche große und kleine Gemälde von Schiffen, Kapitänssalon und Steuerhaus der M/S Dora, eine Kombüse, wie sie original auf dem Marstalschoner Bonavista zu finden war, und über 150 Buddelschiffe – um in die Welt der Seefahrt einzutauchen, müssen einem nicht unbedingt Seebeine gewachsen sein. Denn im Søfartsmuseum in Marstal kann man sich auch auf festem Boden auf eine Reise durch die Seefahrtsgeschichte Ærøs begeben und viele spannende Geschichten rund um Schiffs- und Seefahrtstechnik entdecken. Im Steuerhaus der M/S Dora können Besucher erleben, wie es sich anfühlt, in einer windigen Nacht auf einem kleinen Küstenmotorboot aus den 1950ern unterwegs zu sein – und unter Deck kann man sich vom Komfort an Bord einen Eindruck machen. Aber auch Ærøs Heimatgeschichte kommt nicht zu kurz, ist sie doch untrennbar mit der Seefahrt verbunden. Und dann ist da auch noch die Kuriositätensammlung – hier können Besucher sich auf eine im wahrsten Sinne des Wortes fantastische Weltreise begeben und die exotischen, geheimnisvollen und manchmal auch vielleicht nicht mehr ganz zeitgemäß in einer solchen Ausstellung zu findenden Dinge bestaunen, die Seeleute von ihren Reisen mit nach Hause nach Ærø brachten.

Perfekte Ergänzung ist die dem Museum gegenüberliegende Museumswerft Eriksens Værft und der Eriksens Plads, einst eine der Hochburgen des dänischen Holzschiffbaus. Mehr als ein Dutzend Holzschiffswerften waren hier beheimatet und entließen ihre stolzen Segelschiffe aufs weite Meer. Als Sinnbild für diese umfangreiche Schiffsbautätigkeit kann das Skelett eines Schoners bestaunt werden. Auch im Hafen, der seinen Charme bewahrt hat, gibt es jede Menge versteckte Ecken zu entdecken. Und auf den historischen Küstenfrachter M/S SAMKA – aus einer für die dänische Handelsschifffahrt bedeutenden Baureihe und mit fest zugewiesenem Liegeplatz im Hafen – kann man vom Museum aus schauen, während man auf einem Nachbau des Decks der SAMKA steht. Verrückte Welt!

TIPP

Auf den Spuren des dänischen Schriftstellers Carsten Jensen durch Marstal schlendern.

● Marstal Søfartsmuseum, Prinsensgade 1, 5960 Marstal, Ærø, Tel. +45 62 53 23 31
www.marmus.dk

Grolle und Löwe

8 Die Ærø Bryggeri in Store Rise

Im Zentrum von Ærø, im Dorf Store Rise, liegt die Ærø Bryggeri. Nachdem hier 1962 die alte Brauerei geschlossen wurde, brachten einheimische *Ildsjæle* – wie man im Dänischen besonders engagierte Menschen, die für eine Sache brennen, nennt – mit einer Leidenschaft für das klassische Brauereihandwerk die Brauerei im Jahr 2004 wieder auf die dänische Bierlandkarte zurück. Gutes Bier braucht gute Leute und ganz offensichtlich haben sich hier die richtigen Menschen zusammengetan, um – wie sie selbst sagen – die Bierkultur in Dänemark ein Stückchen zu verfeinern.

Pure und einfache Zutaten sind es, die den tiefen Geschmack ausmachen. Das Bierbrauen ist genauso wie das Leben selbst, sagen sie in Store Rise. Und das ist vor allem vielfältig: vom dunklen Stout, das Noten von Lakritz und Kaffee hat, bis zum bernsteinfarbenen Tangøl, einem Indian Pale Ale, dem Blasentang – und dadurch dieses Extra an Salz und Meer – zugesetzt wurde. Ideal zu einem kleinen Snack mit Blick aufs Meer. Frisches, leicht malziges Bio-Pilsener als Perfect Match zu vielen dänischen Gerichten oder karamelliges Bio-Walnussbier zu einer kleinen Käseplatte. Die Auswahl ist groß und jeder wird hier seinen Liebling finden.

Vielleicht fällt die Wahl ja auf das Grolle-Pils – kristallklar golden mit leichtem Malzgeschmack. Man könnte meinen, das Bier sei nach dem ursprünglichen Erfinder des Pilsner Bieres Josef Groll benannt. Aber Grolle ist auch die ærøische Bezeichnung für einen Haussperling und so etwas wie der Nationalvogel der Insel. Wo ein Grolle ist, so sagt man hier, ist auch ein Bewohner Ærøs zu finden, beziehungsweise – um ganz genau zu sein – ein Marstaller. Damit bezieht man sich auf die weite Verbreitung des kleinen Vogels, der genauso verbreitet sei wie – dank ihrer stolzen Geschichte als Seefahrerstadt – die Menschen aus Marstal. Ein Grolle ziert auch das Logo der Brauerei. Mutig sitzt er vor einem liegenden Löwen – wie die kleine Ærø Bryggeri, die unerschrocken ihren großen Konkurrenten trotzt.

TIPP

In der nahe gelegenen Kirche in Rise findet sich ein Kalksteinrelief – den Löwen der Brauerei entdeckt?

● Ærø Bryggeri, Vandværksvej 5, Store Rise, 5970 Ærøskøbing, Ærø, Tel. +45 62 52 11 32, www.aeroebryggeri.dk

øl fra
ÆRØ
ÆRØ BRYGGERI
HEL KASSE/BLAND SELV
12 STK.
KR. 288,-
øl fra
ÆRØ
DARK ALE
PALE ALE
GYLDEN
TANGØ
GROLLE PILSNER
NEW ENGLAND
INDIA PALE

Besuch mit Folgen

9 Durch die Märchenstadt Ærøskøbing

Kopfsteinpflaster und Rosen, gut erhaltene bunte Häuschen mit detailverliebten Haustüren und Treppenaufgängen, die ab und zu direkt auf der Straße enden. Ærøskøbing ist eine der am besten bewahrten Städte Dänemarks und wird nicht ohne Grund auch „Märchenstadt" genannt. Viele der Häuser stammen aus dem 18. Jahrhundert und ein Spaziergang durch diese geschichtsträchtigen Straßen ist wie eine kleine Zeitreise durch die ehemalige Kaufmanns- und Handelsstadt. Besucher umfängt eine ganz einzigartige Atmosphäre, ja, fast möchte man behaupten, die Stadt umarme ihre Gäste. Eine Umarmung, die lange nachhallt. Und auch Einheimische scheinen diesen besonderen Zauber zu spüren, denn die Stadt hat, wie die gesamte Insel, in den letzten Jahren eine wahre Welle des Unternehmertums erlebt.

Und ob man nun die unebenen Gassen entlangschlendert und die prächtige Farbpalette der Häuser, die sich gegen den Abendhimmel abhebt, bestaunt oder durch die kleinen Geschäfte stöbert. Ob man einen großen Becher Kaffee und eines dieser klebrig-süßen, fantastischen dänischen Kuchenstücke schlemmt oder Whisky und Bier verkostet. Man kann am Marktplatz mit den beiden alten Holzpumpen, die über dem größten und tiefsten Brunnen der Insel angebracht worden sind und gemeinsam mit einigen anderen Brunnen bis 1952 die Wasserversorgung der Bewohner sicherstellten, stehen oder vor dem meistfotografierten Haus Dänemarks, dem Dukkehuset in der Søndergade, und überlegen, wie man diese Kuriosität wohl für das eigene Gedankenalbum festhält. Oder man träumt sich beim Anblick des Kogehuset auf der Hafenmole in frühere Zeiten, in denen der Smutje vom Segelschiff runter und hier kochen musste. Anschließend schlendert man den Molestien entlang und genießt die idyllische Ruhe auf der „Rückseite" der Nørregade, bestaunt die kleinen, prachtvoll bunten Gärten und erlebt die „grüne Seite" der kleinen Stadt. Nie wird man sich dem Zauber Ærøskøbings entziehen können. Wahrscheinlichkeit eines Wiederholungsbesuchs: 100 Prozent!

TIPP

Die Blåbær Gardbutik am Rande der Stadt hat alles, was sich das Deko-Herz wünscht.

● 5970 Ærøskøbing, Ærø

DEN GAMLE KØBMANDSGAARD
ÆRØ
SPECIALITETER
T-SHIRTS
WHISKY
A.H. RIISE
KAFFE/KA

Fünische Ausblicke

10 Ausflug auf die Halbinsel Helnæs

Hier weiß man nicht, wohin man zuerst schauen soll. Über einen schmalen Straßendamm gelangt man zur Halbinsel Helnæs. Links und rechts Wasser und blauer Fernblick. Nach vorne eine kurvige Straße, an deren Ende sich eine imposante Hügellandschaft erhebt: Bobakkerne. Vom Parkplatz aus, der direkt am Ende des Damms liegt, kann man eine kleine Wandertour unternehmen und wird mit Ausblicken belohnt, von denen jeder einzelne es wert wäre, auf Leinwand verewigt zu werden. Etwas abseits der Route befindet sich auch der mit 29 Metern höchste Punkt von Helnæs, der natürlich erklommen werden sollte. Und wie immer ist es auch keine schlechte Idee, den Augenblick zu genießen, den Moment etwas auszudehnen und die Uhr, selbst wenn sie an solch besonderen Orten oftmals etwas anders tickt, über Bord zu werfen und Ruhe einkehren zu lassen. Am besten bei einer schönen Tasse Kaffee!

TIPP

Die kleine Stadt Assens mit sehenswertem kleinem Hafen ist nicht weit entfernt.

Aber dann kann es auch weitergehen, denn die knapp 13 Quadratkilometer große Halbinsel hat noch mehr zu bieten. Dolmen zeugen von der Besiedlung schon zur Steinzeit, in insgesamt drei Naturschutzgebieten können Wanderungen unternommen werden, kleine Gärten, schöne Reetdachhäuser und Höfe säumen die engen kurvigen Straßen und hübsche Galerien spiegeln die lebendige Kunstszene der kleinen Halbinsel wider. Und vom Wasser aus kann Helnæs ebenfalls erkundet werden – Kanu und Kajak stehen an der Helnæs Mølle zum Verleih bereit.

Auch der Leuchtturm Helnæs Fyr ist einen Abstecher wert – 28 Meter ragt er stolz auf einer kleinen Steilküste gen Himmel. Ein Weg führt hinunter an den Strand, der gewiss die Herzen mancher Steinsammler höherschlagen lassen wird. Aber auch den Blick nach oben sollte man nicht vergessen: Geradezu vorwitzig scheint der Leuchtturm von der Steilküste herabzuschauen. Wem dann noch nach flach abfallendem, weißem Sandstrand und herrlich erfrischendem, klarem Ostseewasser ist, der sucht sich noch ein Plätzchen auf der Ostseite der Insel am Helnæs Strand. Besser kann ein Halbinseltag kaum sein!

● Helnæs, 5631 Ebberup, Fünen

Die Seele baumeln lassen

11 Das Kafé Kammas in Haarby

Wie nennt man die Kombination aus einem gnadenlos gemütlichen Platz in fantastischer Natur mit vor Lebensfreude nur so sprudelnden, lächelnden Menschen, köstlichen hausgemachten Leckereien aus regionalen Zutaten und einem großen Angebot an Unterhaltung und Freizeitaktivitäten? Richtig! Kafé Kammas. Diesen fantastischen Ort findet man – fast etwas versteckt – in einer strahlend schönen Ecke im Südwesten der Insel Fünen. „Dort, wo die Seeadler leben und die Krähen ihre Kreise ziehen", sagt Besitzerin Kamma augenzwinkernd. Hier kann man einfach die Seele baumeln und den Gedanken freien Lauf lassen. Auf der Karte stehen das urdänische Smørrebrød in verschiedenen Variationen und gegrillte Sauerteig-Sandwiches mit Käse und Fleisch, aber auch vegetarisch oder vegan. Donnerstags ist Frokost und Hygge am Nachmittag angesagt, freitags und samstags gibt es wöchentlich wechselnde Menüs, zubereitet von Kamma selbst, und immer ein Abendessen samt sommerlichem Dessert, das Gaumen und Seele verwöhnt. Das kann eine Sommer-Moussaka und Himbeermousse oder eine Chili-con-Carne-Bowl mit Zitronen-Pannacotta als Nachspeise sein.

TIPP

Unbedingt auch eine ausgiebige Tour in die fantastischen Svanninge Bakker und Bjerge einplanen!

An Konzertabenden gibt es Speis und Trank vorzugsweise auf der großen Aussichtsterrasse – Musiker, die hier auftreten, sind vielleicht schon bald bekannt und man kann sich rühmen, ihre Musik schon bei Kamma gehört zu haben. Auch Lesungen junger Dichter oder Veranstaltungen, auf denen Gastro-Nerds der Region ihr Wissen weitergeben, kann man hier beiwohnen. Wer völlig nachvollziehbarerweise noch mehr Zeit hier verbringen möchte, kann ein Yoga-Wochenende buchen, an dem gezielt ausgesuchte Yoga-Spezialisten zu bestimmten Themen unterrichten und Kamma entzündungshemmendes Yogi-Essen präsentiert. Die grandiose Natur, Entspannung, viel Neues über Ernährung und Übernachtungen in einem Ferienhaus mit Blick auf die Bucht von Helnæs inklusive. Kafé Kammas ist ein Ort, an dem Wohlbefinden, Lebensfreude und Genuss im Vordergrund stehen. Ein echter Ort zum Glücklichsein!

● Kafé Kammas, Løgismose Skov 14, 5683 Haarby, Fünen, Tel. +45 29 65 99 55
www.kafekammas.dk

Rehwild, Marsvin & UNESCO

12 Die Halbinsel Hindsgavl am Lillebælt

Tier- und Naturfreunde vor! Eine Wanderung durch wunderschöne Natur steht auf dem Plan! Auf der Halbinsel Hindsgavl bei Middelfart kann man sich auf eigene Faust oder aber auch auf gekennzeichneten Wanderwegen unterschiedlicher Länge aufmachen, dieses kleine Paradies am Lillebælt zu erkunden. Eine Strecke von knapp 10 Kilometern bringt Wanderer fast komplett um die Halbinsel herum. Die Wege führen sowohl durch eingezäuntes als auch nicht eingezäuntes Gelände, denn hier ist ein großer Bestand an Rehen, Dam- und auch Rotwild zu Hause. Im wunderschönen Wald, auf der flachen Ebene mitten auf der Halbinsel oder direkt am herrlich kühlen Lillebælt sollte man sich also offenen Auges bewegen – mit Glück erblickt man das ein oder andere Tier und kann ihm beim Äsen zusehen. Oft sind es auch mehrere Tiere, die plötzlich neugierig ihre Köpfe aus dem Gras recken und dann genüsslich weiterfressen.

Was die Küste angeht, sollte man besonderes Augenmerk auf das Wasser legen, denn hier ist die Sichtung eines Schweinswals keine Seltenheit. Der Gewöhnliche Schweinswal wird bis zu 2 Meter lang und kann mit ein bisschen Glück auch von Hindsgavl aus richtig gut beobachtet werden. Im alten Hafen von Middelfart, der nur ein kleines Stückchen abseits der Wanderrouten liegt, kann man in der Marsvin Lyttestation sogar lauschen, ob sich gerade Schweinswale in der Nähe befinden. In der Lillebælt-Werft gleich nebenan kann man noch die traditionsreiche Bautechnik der nordischen Klinkerboote erleben, die 2021 in die UNESCO-Liste des immateriellen Kulturerbes der Menschheit aufgenommen wurde. Die Aus- und Anblicke, die einem hier auf Hindsgavl geboten werden, vergisst man so schnell nicht wieder. Die alte Brücke über den Lillebælt, die aus der Entfernung geradezu filigran wirkt, und ihre gewaltigen Pfeiler, die man auf dem Weg passiert. Die Wege, die auf und ab entlang des Lillebælts führen und kleine Plätzchen offenbaren, bei denen man jedes Mal das Gefühl hat, einen geheimen Superglücksort gefunden zu haben.

TIPP

Das Keramikmuseum CLAY und das Bridgewalking Lillebælt befinden sich in unmittelbarer Nähe.

● Halbinsel Hindsgavl, 5500 Middelfart, Fünen

Von Hunden & Küssen

13 Das Broholm Slot auf Fünen

Ein Schloss wie aus dem Märchenbuch und über 700 Jahre dänischer Geschichte – von Christoffer II. bis zu Margrethe II. Zwischen den beiden Regenten gab es immerhin 29 Könige und eine Königin, die der Zeit ihren Stempel aufgedrückt haben und somit auch das Schicksal von Broholm beeinflussten. 1641 endete die mittelalterliche Ära des Schlosses. Der neue Eigentümer, Otto Skeel, ließ das alte Schloss abreißen und errichtete das heutige Hauptgebäude. Spätgotisch und schon mit starken Merkmalen der Renaissance in Form des Treppenturms. Spätere Eigentümer fügten dem Schloss den Westflügel und das Museum, eine Bibliothek sowie den eckigen Turm für astronomische Beobachtungen hinzu. Einer von ihnen, nämlich Niels Frederik Bernhard Sehested, wurde 1833 Zeuge bei der Entdeckung des zweitgrößten Goldschatzes aus der Eisenzeit, der je in Dänemark gefunden wurde. Damit war sein archäologisches Interesse entfacht und noch heute kann man die Sammlung seiner über 60.000 Feuersteine im eigens dafür errichteten Museum bestaunen.

TIPP

Das Schloss beherbergt ein fabelhaftes Gourmetrestaurant.

Neben einer Apfelsorte, die unter anderem für Obstbrand verwendet wird und die nach dem Schloss benannt wurde, stand Broholm auch Pate für eine eher seltene dänische Hunderasse, deren Abstammung bis ins 16. Jahrhundert reicht. Von Broholm gingen die Bemühungen Ende des 19. Jahrhunderts aus, die vom Niedergang bedrohte Rasse zu retten – und das sehr zur Freude König Frederik VII., der den Broholmer als Lieblingshund auserkoren hatte.
Aber darüber hinaus und abgesehen von all den Geschichten, Zahlen und Namen bietet Broholm Slot noch mehr. Idyllisch mit großem romantischem Landschaftsgarten aus der Mitte des 19. Jahrhunderts und See, Wallgräben und einer alten Wassermühle. Um das Anwesen herum führt ein etwa 2 Kilometer langer Märchenweg, der für Freunde der Romantik sehr zu empfehlen ist. Unter anderem führt er durch den Kærlighedspark, den Park der Liebe, in dem mehrere *Kyssbænke* – man erahnt es fast: Kussbänke – aufgestellt wurden. Nutzung ganz nach Belieben.

● Broholm Slot, Broholmsvej 32, 5884 Gudme, Fünen, www.broholmslot.dk

Unruhe, die beruhigt

14 Flensted Mobiles in Brenderup

Es sind kleine Wunderwerke für die Wohnung. Sie hängen von der Decke vor dem Fenster, dezent als Blickfang in einer Ecke des Raumes oder als Memento am Arbeitsplatz. Vögel- und Fischschwärme ziehen ruhig ihre Kreise, kleine Segelboote, die aussehen, als trieben sie entspannt umher, und abstrakte Gebilde, die sich gemächlich einzupendeln scheinen. Doch schon der kleinste Lufthauch oder eine minimale Bewegung im Raum führen zu einem kleinen stürmischen Chaos und erneut beginnt die Suche nach Ausgeglichenheit und harmonischen Bewegungen. Mobiles, auf Dänisch Uro (Unruhe), sind längst nicht mehr nur in Kinderzimmern zu finden. Sie haben Einzug gehalten auf der großen Designbühne und auch in Kunstmuseen wie dem Guggenheim in New York ihren Platz gefunden.

TIPP

Für Freunde von dänischen Designmöbeln: der Carl Hansen & Søn Flagship Store im benachbarten Gelsted.

Ein wirklicher Global Player dieser wunderschönen Mobiles ist das Familienunternehmen Flensted auf Fünen. 1953 bastelte Christian Flensted aus drei Papierschwänen das erste Exemplar und legte damit den Grundstein für die Firma, die auch heute noch in Handarbeit Mobiles herstellt, die in ihrer Form, Vielfalt und Qualität einzigartig auf der Welt sind. Federführend seit 1983 sind Ole und Aase Flensted, die hier in der alten Schule in Brenderup ihr Unternehmen mit immer neuen Ideen weiterführen. Christians Modell „Science Fiction“ von 1955, Oles Klassiker „Futura“ oder das Mobile „Niels Bohr“ von 2013, das in Kooperation mit dem Niels Bohr Institute of Copenhagen entstand, sind zu dänischen Design-Klassikern geworden.

In Brenderup kann man die Vielfalt der Modelle hautnah erleben, hier gibt es sie alle. Es ist ein einziger Raum, in dem die Mobiles präsentiert werden. Im Herzen Junggebliebene werden unwillkürlich lächeln. Und eigentlich möchte man hier viel mehr Zeit verbringen, was nicht nur an den zauberhaften kleinen Wunderwerken liegt, sondern vor allem an der herzlichen Gastfreundschaft der Flensteds. Wer mit so viel Liebe und Begeisterung über das berichtet, was er tut, der bringt auch Großartiges zustande. Und das sieht man!

● Flensted Mobiles, „Frederiksminde“ – Uromagerens hus, Brovej 6, 5464 Brenderup, Fünen

Storkeredens
varevogn
MUSEUM MO

Grünes Kopfkino

15 Fyns Hoved im Norden Fünens

Die äußerste Spitze der Halbinsel Hindsholm ist mit ihren Klippen, Buchten und Landzungen, Sumpfgebieten, kleinen Hügeln und flachen Sandbänken eine der vielseitigsten und schönsten Küstenregionen Dänemarks. Das sahen auch viele Maler so, die sich im Laufe der Zeit hier an der Spitze niederließen und von den besonderen Lichtverhältnissen fasziniert waren. Die Gegend heißt Fyns Hoved – der Kopf von Fünen – und wäre sie eine Theateraufführung, hätten wohl die Klippen von Bæsbanke im Westen die Hauptrolle inne. Beachtlich hoch ragen sie vom steinigen Strand in die Höhe. Da das Meer hier beständig Material von der Küste abträgt und dadurch immer neue Schichten aus längst vergangenen Zeiten freilegt, weiß man, dass schon sehr früh Menschen auf Fyns Hoved siedelten.

TIPP

Wenige Kilometer entfernt das Wikingermuseum Ladby ansehen.

Von der Spitze der Klippe aus kann man an sehr klaren Tagen bis nach Jütland und Seeland sehen, außerdem kann man die Windräder auf Samsø erblicken samt Tunø und Æbelø. An der Ostseite der äußeren Spitze von Fyns Hoved flacht das Areal wieder etwas ab. Zeit für eine kleine Pause, wenn man vom Parkplatz aus erst mal Richtung Klippen gestartet ist. Herrlich auch hier der Blick in die Ferne.

Das flache Gebiet von Fællesstrand sowie etwas weiter westlich Horseklint sind kleine Paradiese für Vögel. Kormorane und Austernfischer sowie zahlreiche weitere Seevögel sind hier keine seltenen Gäste. Im Frühjahr kann man im Gebiet darüber hinaus Zugvögel auf ihrem Weg gen Norden beobachten. Ein echtes Eldorado für Naturliebhaber und Hobbyornithologen!

Die kleine Runde um Fyns Hoveds westlichstes Ende ist zwar nicht lang, mitunter aber doch ein wenig schweißtreibend. Zurück am Parkplatz lohnt sich noch ein Abstecher hinauf zum Jøvet. Jedem, der die Treppe, die den Hügel hinaufführt, auf sich nimmt, öffnet sich ein grandioser Blick auf den Kopf Fünens. Ist man gegen Abend hier und hat das Glück, einen dieser grandiosen Sonnenuntergänge zu erleben, findet der Ausflug zum Fyns Hoved einen perfekten Abschluss.

● Fyns Hoved, 5390 Martofte, Fünen

Drehort: Apfelbaum

16 Die Rundkirche von Horne

Ein Mann namens Adam, der im Rahmen des von Ivan geleiteten Resozialisierungsprogramms die Aufgabe hat, einen Apfelkuchen zu backen. Er kümmert sich um den Apfelbaum vor der Kirche, pflegt ihn, um die Äpfel später für seinen Kuchen zu ernten. Der Baum wird jedoch erst von Krähen in Beschlag genommen, danach von Würmern befallen und brennt schlussendlich nach einem Blitzschlag ab. Die Story eines der besten dänischen Filme der letzten Jahre wird manch einem bekannt vorkommen: Es geht um „Adams Æbler" – „Adams Äpfel" vom Regisseur und Drehbuchautor Anders Thomas Jensen. Gedreht wurde dieser Klassiker mit Mads Mikkelsen auf Fünen. Schauplatz ist die Kirche von Horne und auch bei einem Besuch Jahre nach dem Filmdreh steht hier ein Apfelbaum. Ein sehr viel kleinerer, denn er ist erst nach den Dreharbeiten gepflanzt worden.

TIPP

Weitere Drehorte auf Fünen findet man unter www.filmfyn.dk.

Aber die Kirche ist nicht nur als Kulisse dieses Films bekannt. Sie ist die einzige Rundkirche Fünens und gleichzeitig auch die größte Dorfkirche der Insel. Der Rundbau mit seinem kegelförmigen Bleidach, der im Laufe der Zeit um Kirchenschiff, einen Verbindungsbau, Chor und Westturm erweitert wurde, fällt beim ersten Blick gar nicht unbedingt ins Auge. Aber ein zweiter Blick lohnt sich. Die Rundkirche wurde vermutlich von Valdemar dem Großen im 12. Jahrhundert errichtet, weithin sichtbar auf einer Anhöhe. Eine Demonstration der Stärke par excellence in einer Zeit, in der die Königsmacht schnell aus den Händen gleiten konnte.

An der dicken, aus Feldsteinen errichteten Mauer des Rundbaus kann man noch kleine ursprüngliche Öffnungen erkennen, die heute teilweise zugemauert sind. Damals wie heute dienen Löcher in der Wand vor allem dem Lichteinfall. Berechnungen zufolge konnten exakt zur Wintersonnenwende – wenn denn das Wetter mitspielte – Lichtstrahlen bis in den zentralen Bereich der Rundkirche hervordringen. Die Kirche von Horne hat viele alte und neue Geschichten zu erzählen – ein Besuch dieser ungewöhnlichen Kirche wird – wie der Film – in Erinnerung bleiben.

● Horne Rundkirke, Søren Lundsvej 42, 5600 Faaborg, Fünen

Stall voller Delikatessen

17 Staldkatessen bei Faaborg

Ein Leben inmitten der herrlichen Landschaft Südfünens. Als Annette und Steen 2021 Kopenhagen verließen, um sich auf Fünen niederzulassen, erwarben sie nicht nur ein großes Bauernhaus mit Ställen und einem riesigen Stück Land, sie bekamen auch wunderbare Wälder, eigenen Zugang zum Strand, Blick aufs glitzernde Meer und das südfünische Inselarchipel sowie Sonnenuntergänge frei Haus dazu. Was noch zum Glück fehlte, waren die kulinarischen Genüsse, und das nahmen sie ganz tatkräftig selbst in die Hand. In einem restaurierten Stallgebäude von 1915 erschufen sie ein wahres Universum fantastischer Köstlichkeiten von Südfünen. Allesamt kreiert und hergestellt von erfahrenen, einheimischen Enthusiasten, die sich mit Leidenschaft ihren Produkten verschreiben und stolz die kulinarischen Traditionen der Insel Fünen am Leben erhalten.

TIPP
Naturwein vom kleinen Weingut Drudgaard im Süden Fünens probieren!

Der kleine „Stall voller Delikatessen" ist mit viel Sinn für Stil äußerst geschmackvoll eingerichtet – und das auch im wortwörtlichen Sinn. Es gibt Whisky und Gin, Softdrinks und dänischen *Snaps*. Süßigkeiten, Eis, Marmeladen, aber auch Seifen und Cremes können Besucher hier erstehen – herrliche Erinnerungen für zu Hause oder grandiose kleine Mitbringsel –, mit Geschmack ausgewählt!

In der warmen Jahreszeit eine echte kleine Sommeroase auf dem Lande ist aber der verwunschene Obstgarten. Hier stehen Bänke und Stühle, ausstaffiert mit Kissen und Decken, in kleinen Sitzecken bereit für alle, die es sich bei einer Tasse Kaffee gemütlich machen wollen. Im Schatten der Apfelbäume in ländlicher Idylle die Seele auftanken – dieser Ort ist wie eigens dafür gemacht. Ein Eis von der Insel Skarø, ein Stück Fyns Chokolade, Toffees von Det Søde Liv oder Windbeutel von Ærli' können das hier unweigerlich aufkommende Wohlgefühl noch versüßen. Ein grandioser Ort für Genießer! Und die Reise von Annette und Steen ist noch keineswegs zu Ende. Ferienwohnungen und Glamping stehen auf der Wunschliste – und dann wird man wohl Staldkatessen auf Fünen nie wieder verlassen wollen.

● Staldkatessen, Dyreborgvej 4B, 5600 Faaborg, Fünen, Tel. +45 28 92 29 31
www.staldkatessen.dk

ØL
Rugbrødsmix
SVEND
Brødet
MayMays

Lieblingsplatz für jeden

18 Besuchermagnet Schloss Egeskov

Einen kompletten Tag voller unvergesslicher Eindrücke, duftender Erinnerung und nostalgischer Momente beschert Besuchern das Schloss Egeskov. Eine der größten Attraktionen der Insel Fünen, die diesen Titel absolut verdient hat und neben den Palästen des dänischen Königshauses eines der wenigen Schlösser Dänemarks ist, das heute noch bewohnt ist. Man kann hier nicht nur eines der schönsten Wasserschlösser der Renaissance von außen und innen bewundern. Es locken auch mehrere Ausstellungen, wie zum Beispiel das Oldtimer-Museum mit ungefähr 115 Ausstellungsstücken aus der Zeit vom Ende des 19. Jahrhunderts bis zum Anfang der 1980er-Jahre – neben den etwa 60 Modellen, die im offenen Dachboden noch auf ihre Restaurierung warten. Vom rosafarbenen Milburn Light Electric von 1919 – ein Elektroauto, mit dem die First Lady der USA, Edith Wilson, unterwegs war, bis zum DeLorean, der die Herzen aller „Zurück in die Zukunft"-Fans höherschlagen lassen wird. Aus den weiteren spannenden Ausstellungen sticht noch das brandneue Camping-Museum hervor – einzigartig in Europa, zumindest bisher. Im großartigen Park, der zu einem der zwölf schönsten Parkanlagen der Welt gewählt wurde, findet jedermann seinen Lieblingsplatz – und sein nächstes kleines Abenteuer. Ob in Piet Heins Labyrinth oder auf dem Tree Top Walking, einem kleinen Bummel durch die Baumkronen. Besonders werden aber Garten-Fans hier kein Ende finden, denn die Anzahl der angelegten Themengärten im Park ist enorm. Von ihnen darf lediglich das alte Labyrinth von 1730 nicht betreten werden. Der Rosengarten tritt an mit über 100 verschiedenen Sorten, wird aber vom Fuchsiengarten mit 800 verschiedenen Sorten prachtvoll getoppt. Im Ruhegarten kann man sich in Hängematten ein wenig erholen und sich danach im Garten des Lebens beim Schlendern durch die mittels Pflanzen, Farben und Düften dargestellten Jahreszeiten einer Verführung der Sinne hingeben. So schön, dass man auch beim zweiten Besuch noch Neues entdeckt!

TIPP

Einmal jährlich findet hier das spektakuläre Heartland-Festival statt. Glücklich, wer Karten ergattert!

● Egeskov Slot, Egeskov Gade 22, 5772 Kværndrup, Fünen, www.egeskov.dk

Grün im Stadtdschungel

19 Im Eventyrhaven in Odense

Vom Namen dieses Parks inmitten der Stadt Odense darf man sich nicht irreleiten lassen – beim Eventyrhaven, zu Deutsch Märchenpark, handelt es sich nicht um einen Vergnügungspark. Der Eventyrhaven – früher auch H.C. Andersen Have genannt –im Schatten des Doms ist ganz im Gegenteil eine knapp 3 Hektar große grüne Oase direkt am Fluss Odense Å. Wer ein wenig entspannen möchte und Ruhe vom Trubel der nahegelegenen Fußgängerzone sucht, ist hier genau richtig. Fast wie eine kleine runde Insel wirken die kreisförmig angelegten Beete, die je nach Jahreszeit knallig leuchten oder einen zarten Farbtupfer ins Grün zaubern. Auf Bänken unter einer berankten Pergola oder auf den Holzstegen am Fluss kann man verschnaufen und die Aussicht genießen – auch auf den Dom, dessen Turm frech über die Bäume in den Park lugt.

Bei schönem Wetter laden die großzügigen Rasenflächen zum Picknick ein, besonders vor dem kleinen Märchenschloss kann es eng werden. Denn im Sommer findet hier zweimal täglich die H.C. Andersen Parade statt, eine kuriose Show, in der 24 Märchen in 24 Minuten von – wie sollte es anders sein – 24 Märchenfiguren präsentiert werden.

Auch für seine zahlreichen Skulpturen ist der Park bekannt. Allen voran die Skulptur der Echo, einer Bergnymphe, die durch den Wald wanderte und ihren geliebten Narziss rief, während sie langsam verschwand und am Ende nur noch eine Stimme war. Die Bronzeskulptur von Aksel Hansen war 1932 die erste, die im Märchenpark aufgestellt wurde. Oder das Papierboot, das inmitten des Flusses an Andersens Märchen „Der standhafte Zinnsoldat“ erinnert, in dem zwei Jungen dem unglücklich verliebten Zinnsoldaten aus Zeitung ein Papierboot basteln, ihn daraufsetzen und im Rinnstein fahren lassen. Und natürlich die Bronzestatue, die den bekanntesten Sohn der Stadt zeigt. Mit Buch in der Hand und den Mantel über die eine Schulter gelegt steht er da und schaut Richtung Park. Fast so, als schaue er, ob in „seinem Park“ auch alles mit rechten Dingen zugeht.

TIPP
Ganz in der Nähe in der Munkemøllestræde befindet sich H.C. Andersens Geburtshaus.

Eventyrhaven, 5000 Odense, Fünen

HANS CHRISTIAN

Fünens Streetfood-Mekka

20 Das Storms Pakhus in Odense

Ist man unterwegs in Odense und es überkommt einen ein kleiner oder auch großer Hunger, gepaart mit der unbändigen Lust auf eine coole Location, entspannte Atmosphäre und dazu eine riesige Auswahl an feinen Leckereien, dann ist man in Storms Pakhus genau richtig: Pizza und Burger, chinesische Dim Sum und Bao, Pita und Taco, thailändisches Curry oder vietnamesische Banh Mi, Masala und Gyros oder Sushi und Japas. Und danach den vielleicht besten Käsekuchen Dänemarks oder frisch gebackene Waffeln. Die kulinarische Rundreise kann beginnen! Und die muss man natürlich auch nicht auf dem Trockenen unternehmen, denn für Wasser und Brause, Bier, Cocktails und Kaffee ist selbstverständlich auch gesorgt.

Und lässig ist die Atmosphäre allemal: Das Storms Pakhus war ursprünglich eine große Lagerhalle, die nach vorübergehendem Leerstand umsichtig wieder auf Vordermann gebracht worden ist und nun einen Streetfood-Markt beherbergt, der seinesgleichen sucht. Mehrere Bars und Kreativ-Workshops haben hier ebenfalls einen Platz gefunden und runden das Angebot ab, das darüber hinaus noch von vielfältigen Veranstaltungen gespickt ist. Drinnen wie draußen sitzt man rustikal an Bierzeltgarnituren, wer hier Schickimicki sucht, ist fehl am Platze. Und auch die Bestellung nimmt man selbst in die Hand – nicht leicht bei diesem Angebot und all den verführerischen Düften, die das Magenknurren auf Zimmerlautstärke hieven. Aber hat man sich einmal entschieden, kann man nach Herzenslust genießen.

TIPP

Ein Abstecher ins Odense Havnebad bringt Abkühlung an warmen Tagen.

Die aufstrebenden Köche, die hier eine Plattform bekommen, denn als solche versteht sich Storms Pakhus, verwirklichen oft lang gehegte Träume und schöpfen ihr kreatives Potential aus. Das spürt und schmeckt man! Und in Storms Pakhus ist es auch erlaubt – wenn nicht sogar erwünscht –, sich gleich noch mal auf die Suche nach einer Leckerei als nächsten Gang zu begeben. Hier macht Essen Spaß – und rundum glücklich!

● Storms Pakhus, Lerchesgade 4, 5000 Odense, Fünen, www.stormspakhus.dk

STORM A/S
PLASTFOLIE - PLASTPOSER
BØRN
UDEN OPSYN
VIL BLIVE TILBUDT ET
ESPRESSOSHOT
OG EN HUNDEHVALP..
DET' JOKES.. HAHA
MÅSKE..
BARE UNGERNE LØS!
SÅ SÆTTER VI KAFFEN OVER..

Reise in die Märchenwelt

21 Das H.C. Andersens Hus in Odense

Wenn eine Erbse plötzlich anfängt zu sprechen und gar nicht mehr aufhören will, über sich selbst zu plappern, sobald man sich mit seinem Kopfhörer, den hier jeder Besucher trägt, nähert. Wenn Feder und Tintenfass sich um die eigene Wichtigkeit streiten und auch andere Alltagsgegenstände eine Stimme bekommen und sich lautstark äußern, dann befindet man sich vermutlich im neuen Hans-Christian-Andersen-Haus. Eine Welt, die man zu kennen glaubt – das ist der Slogan des neuen, großartigen Museums und ein Besuch führt tatsächlich auf eine außergewöhnliche Reise in das Leben und die Märchenwelt des großen dänischen Schriftstellers und bekanntesten Sohnes der Stadt Odense. Schon der Museumsbau – oder besser gesagt: die Museums-Anlage – des japanischen Star-Architekten Kengo Kuma sorgt für erstaunte und vor allem neugierige Gesichter.

Im Inneren öffnet sich dann ein wahres Andersen-Universum und es ist ein Museumsbesuch, wie ihn die meisten wohl noch nicht erlebt haben. Ein gewundener Gang führt als roter Faden durch das Leben Andersens. Die verschiedenen Räume, die am Weg des Dichterlebens liegen, widmen sich jeweils einem Thema: seiner Kindheit, seinen Reisen und dem Liebesglück, das Andersen zeitlebens verwehrt blieb. Sein umfangreiches Werk – 800 Gedichte, 158 Märchen, 40 dramatische Werke, sieben Romane, fünf Reiseschilderungen, drei Autobiografien, 13 Bilderbücher und zahllose Scherenschnitte und Zeichnungen – wird genauso zum Thema wie Andersens Sicht auf die Welt und die Sicht der Welt auf Andersen sowie seine Liebe für das Übersehene, das Geringgeschätzte. Am Ende des Weges öffnet sich die Märchenwelt Hans Christian Andersens, in der zwölf der bekanntesten Märchen unter anderem mit Hilfe von Multimedia-Installationen in Szene gesetzt werden. Im wahrsten Sinne des Wortes ein fantastischer Ort, der die Zeit und auch das Erwachsensein zur Nebensache werden lässt. Denn wer würde nicht gern dem Mädchen mit den Schwefelhölzchen helfen oder sich beschützend vor das hässliche Entlein stellen?

TIPP
Grandios für Kinder die zum Museum gehörige Ville Vau und für alle das Café Dejlig.

● H.C. Andersens Hus, H.C. Andersen Haven 1, 5000 Odense, Fünen
www.hcandersenshus.dk

Danach nur noch Himmel

22

Der Dom von Odense

Betritt man den Dom von Odense, wird es – wenn man Glück hat – erst mal still. Lässt man bei Eintritt in die dem heiligen Knud geweihte Kirche nicht nur den Trubel der Stadt, sondern auch die Wärme eines fünischen Sommertages hinter sich, wird auch die Kühle, die sich auf die Haut legt, wohlige Schauer hinterlassen. Aber die Aufmerksamkeit richtet sich unweigerlich auf etwas anderes. Hier strebt alles himmelwärts. Spitzbögen und Dienste der schlichten weißen Wände leiten den Blick unweigerlich nach oben zum lichtdurchfluteten Obergaden und dem alles überspannenden Gewölbe. Danach kommt nur noch Himmel. Dieses Gebäude lässt niemanden unbeeindruckt – und um das erleben zu können, muss man gar keinen kirchlichen Hintergrund mitbringen. Von der mächtigen Sprache der Architektur kann sich jeder beeindrucken lassen. Auch wenn der Rhythmus der Gewölbejoche Mächtigeres vorgaukelt, ist die dreischiffige Kirche mit einer Höhe von 20 Metern im Mittelschiff, 62 Metern Länge und 22 Metern Breite nicht die Größte.

TIPP

Ein Besuch des Marktplatzes gegenüber lohnt sich – mit etwas Glück ist gerade Wochenmarkt.

Aber der Dom hat Geschichten zu erzählen. Zum Beispiel von König Knud, gegen den sich vor allem wohl wegen königlicher Expansionspläne ein Aufstand erhob, den er und auch sein Bruder Benedikt mit dem Leben bezahlten. Nach einer Flucht vor den Aufständischen wurden die Brüder in der St.-Albani-Kirche, einer Holzkirche, die östlich des heutigen Doms lag und in der sie Zuflucht suchten, ermordet. Noch vor Knuds Heiligsprechung wurden seine Gebeine in den noch nicht fertiggestellten Dom überführt und der Ort so zu einem wichtigen Pilgerziel.

Auch vom Adlertuch weiß der Dom zu berichten. Der seltene, sehr gut erhaltene Stoff mit eingewebtem Adler stammt laut der berühmten Aelnoth-Chronik von König Knuds Witwe Edel, die es nach der Heiligsprechung ihres verstorbenen Mannes im Jahr 1100 in dessen Schrein zur Ausschmückung gab. Viele weitere Geschichten warten darauf, entdeckt und erzählt zu werden. Im Dom von Odense. Der sich manchmal in kühles Schweigen hüllt.

● Dom zu Odense, Klingenberg 18, 5000 Odense, Fünen

Das alte Königreich

23 Nyborg Slot auf Fünen

Wer einen Spaziergang mit historischem Flair möchte, ist in Nyborg goldrichtig. Denn hier kann man noch heute auf den Spuren der dänischen Könige wandeln. Einst war Nyborg die wichtigste Stadt im Land. Strategisch perfekt in der Mitte des Reiches gelegen, konnte man sich hier darüber hinaus einen perfekten Überblick über den Großen Belt verschaffen. Idealer Standort also für eine Burg, die hier um 1200 entstand. Valdemar II. war es, der Nyborg als Königssitz wählte. Von der Mitte des 13. bis zum Anfang des 15. Jahrhunderts fand hier der Danehof statt, eine Art Reichsversammlung, in der König, Adel und Geistlichkeit zusammenkamen. Unter anderem wurde im Rittersaal des Schlosses das erste dänische Grundgesetz unterzeichnet. Ein wichtiger Ort also – und das spürt man auch heute noch.

TIPP

Die nahe Plattform unter der Storebælt-brücke verspricht schöne Fotomotive.

Tritt man durch das Landtor, das den einzigen Zugang zum königlichen Nyborg von Land aus sicherte und das nebenbei als das längste Tonnengewölbe Dänemarks beschrieben wird, so erhebt sich das Schloss, umgeben von Wällen und Gräben, noch immer geradezu majestätisch. Von hier aus kann man entlang der Hauptstraße des alten Königreichs, der Slotsgade, zum Marktplatz schlendern. Immer entlang des Mühlengrabens, der seit dem Mittelalter die Schlossmühle mit Wasser versorgt und gleichzeitig Teil der Befestigungsanlagen war. Der Markt, der ursprünglich königlicher Turnierplatz war, wird gesäumt von alten Kaufmannshäusern und dem schmucken Rathaus. Es geht vorbei am Borgmestergården, einem Fachwerkbau aus der Renaissance, der heute zu den Museen Ostfünens gehört, bis zum Schloss und seinen Wallanlagen.

Rund um das Schloss wird auch heute noch einmal im Jahr der Danehof abgehalten – wenn auch mit einem etwas anderen Zweck. Dann kann man hier noch mehr Geschichte hautnah erleben. Marktstände entlang der Slotsgade, Gaukler und Feuerschlucker auf den Straßen, ein Ritterturnier und reichlich Met erlauben eine Reise in eine Zeit, die hier in Nyborg nie wirklich zu Ende gegangen scheint.

● Nyborg Slot, Slotsgade 34, 5800 Nyborg, Fünen, www.nyborgslot.dk

210 Runen & eine Warnung

24 Glavendrupstenen auf Fünen

Das kleine Wäldchen in der Nähe von Glavendrup ist ein hervorragendes Ziel an einem warmen, sonnigen Tag. Das grüne Blätterdach schützt vor grellen Sonnenstrahlen und gemütlich kann man seine kleine Runde im als Gedenkhain angelegten Wald beginnen. Zu sehen gibt es die größte noch erhaltene Schiffssetzung aus der dänischen Wikingerzeit. 60 Meter lang und 12 Meter breit war die Steinsetzung ursprünglich und bestand aus zwei Reihen von aufrecht stehenden Steinen, die den Grundriss eines Schiffes bilden. Zu ihr zählt auch der imposante, als Stevenstein errichtete Stein von Glavendrup, der auf drei Seiten verteilt 210 Runen verzeichnet und damit der Stein mit der längsten Runeninschrift ist, die bisher in Dänemark gefunden wurde. Die Inschrift erzählt uns, dass der Stein zum Gedenken an den Wikingerführer Alle errichtet wurde – und zwar von Ragnhild und Alles Söhnen. Runenmeister Sote war es, der die Runen in den Stein meißelte und dem Donnergott Thor weihte, um ihnen noch ein bisschen extra Kraft zu verleihen. Die Runen beinhalten auch eine Warnung: Demjenigen, der den Stein zerstört, entfernt oder ihn einem anderen widmet, wird es übel ergehen. Also aufgepasst, dass man am Runenstein keine Spuren hinterlässt!

TIPP

Am Klintebjerg Havn am Odense Fjord den Tag ausklingen lassen.

Wer noch ein bisschen mehr Wikinger-Feeling erleben möchte, sollte am ersten Wochenende im September hierherkommen. Dann findet der jährliche und wie man sagt schönste Wikingermarkt Dänemarks statt. Ein Muss für alle eingefleischten Wikinger-Fans und die, die es werden wollen.

Im Wäldchen finden sich aber auch noch weitere Denkmäler, die an historische Ereignisse wie die Reformation, die Wiedervereinigung Dänemarks mit Sønderjylland, die Einführung des Stimmrechts für Frauen oder das Ende des Zweiten Weltkrieges erinnern. Mehrere Tische und Bänke laden zum Verweilen ein, vielleicht wurde ja auch der Picknickkorb mit Kaffee und einem Stück Wienerbrød mitgebracht – denn hier ist das richtige Plätzchen für eine Pause.

● Glavendrupstenen, Stenager 12, 5485 Skamby, Fünen

Der einsame Glockenturm

25

Unterwegs in Faaborg

Diese Stadt sei der Inbegriff südfünischer Stockrosenidylle – so sagt man. Und da ist was Wahres dran. Faaborg zählt nicht ohne Grund zu den schönsten und auch ältesten Kleinstädten des Königreichs. Bei einem Bummel durch die kopfsteingepflasterten Gassen, vorbei an alten Kaufmannshöfen und Fachwerkhäusern, immer den süßen Duft der Stockrosen im Gepäck, wird einem schnell bewusst: Dies hier ist etwas ganz Besonderes. Das spürten auch Künstler jeglicher Fachrichtung, die sich schon immer von der Stadt angezogen fühlten – und fühlen! Auch heute gibt es in Faaborg eine lebendige Kunstszene.

Erstmals erwähnt wurde die Stadt 1229, als König Valdemar II. Faaborg seiner portugiesischen Schwiegertochter schenkte. Vermutlich im selben Jahr begann man, die erste Kirche des Städtchens zu bauen. Wie in den meisten mit der Seefahrt verbundenen Städten war die Kirche auch hier dem Schutzpatron der Seefahrer und reisenden Händler gewidmet: St. Nikolai. Als Ende des 15. Jahrhunderts ein Kloster in Faaborg errichtet wurde, spendierte man der alten Nikolaikirche einen Glockenturm. Dieser blieb auch stehen, als nach der Reformation die alte Nikolaikirche abgerissen wurde. Er war schließlich noch nicht alt und außerdem diente er der nun als Gemeindekirche umfunktionierten Klosterkirche – die als einzige den Abriss des Klosters überstanden hatte – als Glockenturm. Überdies war der Turm auch zum wichtigen Seezeichen für die Schifffahrt geworden. Heute gilt er als Wahrzeichen der malerischen Stadt. Die rosengesäumte Bøjestræde bietet die schönsten Blicke auf den gelb getünchten Turm, der im Sommer Treffpunkt der Nachtwächter Faaborgs ist, mit denen sich Besucher zu einem Spaziergang durch die pittoresken Gassen aufmachen können. Ein Erlebnis!

Wer den Weitblick bevorzugt, sollte die 108 Stufen, die den Turm hinaufführen, nicht scheuen. Belohnt wird man mit einem grandiosen Blick über die beschauliche Stadt und das wunderschöne Inselmeer – schwierig zu entscheiden, wohin man als Erstes schauen mag.

TIPP

Die Walflanke im Hafen von Faaborg gilt als zweites Wahrzeichen der Stadt.

● Faaborg Glockenturm, Tårnstræde, 5600 Faaborg, Fünen

Ulf Nielsen
Galleri
Værksted

Von Fisch und Fahrzeugen

26

Das Røgeri Café in Faaborg

Direkt am Hafen, auf dem Kai mit Blick auf die Segelboote und die ein- und auslaufenden Fähren ins Inselmeer, liegt ein kleines Schlaraffenland für Fischliebhaber. Geräucherte Fischspezialitäten in einer Kulisse, die nicht passender sein könnte. Es gibt Lachs und Hering, Dorsch und Makrele, aber auch Krabben, Fischfrikadellen und Fish & Chips stehen auf der Speisekarte und erfreuen hier täglich hungrige Gäste. Das ebenfalls vom Røgeri Café betriebene Ishus gleich nebenan stellt sicher, dass das leckere Essen, hier auf dem Hafenkai in frischer Seeluft verspeist, mit einem Kaffee oder einer kalten, süßen Leckerei abgeschlossen werden kann. Eis schließt ja bekanntlich den Magen, oder nicht?

Neben dem großen Angebot an Gerichten in dieser fantastischen Hafenatmosphäre gibt es im Røgeri Café auch die Möglichkeit, Speisen mitzunehmen. Ins Ferienhaus zum Beispiel oder als Picknickkorb bei einer Segeltour, Wanderung oder einem Fahrradausflug. Im Café kann man zum Beispiel unter anderem den Picknickkorb „Hygge" mit zwei Sandwiches mit kalt geräuchertem Lachs, Wasser und einer Flasche Wein bestellen oder sich einen Korb nach ganz eigenen Wünschen aus einer Karte zusammenbasteln lassen. Möglichkeiten gibt es viele!

TIPP

In unmittelbarer Nähe liegt das interessante Øhavsmuseum – das Museum der Dänischen Südsee.

Bekannt ist das Røgeri Café in Faaborg aber auch aus ganz anderen als kulinarischen Gründen. Im Sommer treffen sich hier jede Woche eine ganze Reihe von Oldtimer-Freunden. Dabei lassen sie ihre Fahrzeuge natürlich auch nicht zu Hause und für nicht wenige ist der kleine Fahrzeug-Korso, der sich Richtung Hafenkai bewegt, eine echte Augenweide. Im Hafen erst einmal geparkt, wird bestaunt, bewundert, befragt – es wird gefachsimpelt, was das Zeug hält. Und ganz klar, dass dabei auch das leibliche Wohl nicht zu kurz kommen darf. Bei kühlen Getränken und maritimen Spezialitäten des Cafés wird sich weiter ausgetauscht, bis sich langsam der Abend über den Hafen legt. Die Stimmen werden leiser, das Licht weniger. Es ist Zeit, mit wohligem Gefühl im Magen den Heimweg anzutreten.

Røgeri Café, Vestkaj 3, 5600 Faaborg, Fünen, Tel. +45 26 20 17 12
www.faaborgroegericafe.dk

H 823
Faaborg
Røgeri
Røgeri

Auf Naturentdeckungsreise

27 Am Gyldensteen-Strand auf Fünen

Für das wunderschöne Naturgebiet in der Nähe von Bogense auf Nordfünen sollte man sich Zeit nehmen. Besonders am frühen Abend, wenn das Licht etwas weicher wird und die Landschaft in warme Töne hüllt, ist ein Spaziergang auf den Wegen und Pfaden am Gyldensteen-Strand ein unvergessliches Erlebnis. Von den drei Beobachtungstürmen in der Umgebung kann man sich einen hervorragenden Überblick über Fünens größtes Renaturierungsprojekt verschaffen. Ende des 19. Jahrhunderts dem Meer durch Eindeichung abgerungen, erwarb die Naturstiftung Aage V. Jensen Naturfond das eingedämmte und kultivierte Gebiet im Jahr 2011. Die Deiche zwischen den früheren Inseln Langø, Lindholm und Store Stegø wurden entfernt und es entstand ein fantastisches Areal mit Küstenlagune und einem ausgedehnten See- und Wiesengebiet.

TIPP

Die nahe Insel Æbelø ist bei Ebbe zu Fuß zu erreichen – unbedingt die Gezeitentabelle beachten!

Hier fliegen Möwen, Küstenseeschwalben, Löffler, Grau- und Silberreiher sowie Graugänse ein und aus. Und mit etwas Glück erhascht man auch einen Blick auf einen vorbeifliegenden Seeadler und erspäht die ein oder andere Robbe, die sich auf den Felsen am Wasser sonnt. Oder man wirft einen Blick auf die nahe gelegene, unbewohnte Insel Æbelø, die nur zu Fuß bei Ebbe erreicht werden kann. Verweilen im Hier und Jetzt, mit offenen Augen für die Schönheit dieser besonderen Naturlandschaft und ihrer Bewohner. Die Vögel, die auf dem See ihren Platz für die Nacht gefunden haben und im um Nuancen schwächer werdenden Tageslicht Ruhe finden. Was würde hier noch fehlen zum lupenreinen Marmeladenglasmoment?

Wer noch etwas Futter für die grauen Zellen braucht, dem kann hier auch geholfen werden. Denn der Naturrummet, ein kleines, aber feines Infocenter, das über Flora, Fauna und die Arbeit der Naturstiftung vor Ort informiert, ist nicht nur für Kinder interessant. Wie klingen Austernfischer oder Kiebitz? Wer frisst wen da draußen? Und wie unterscheidet man Rotwild, Damwild und Rehwild – von hinten? Die Antworten darauf gibt es hier – es macht einfach Spaß, auf Naturentdeckungsreise zu gehen.

● Gyldensteen-Strand, Parkplatz, Langø, 5400 Bogense, Fünen

Aus einer anderen Zeit

28 Im Høkeren in Kerteminde

Einkaufen wie anno dazumal – das kann man in der „schönsten Kleinstadt auf der Welt", wie Johannes Larsen, prominentestes Mitglied der Künstlerkolonie der Fünen-Maler, einst seine Heimatstadt bezeichnete. Und schön ist es hier tatsächlich – und unaufgeregt. Aus ihrer Zeit als Handelshafen für Odense gibt es noch etliche imposante Bauten, wie zum Beispiel auch den Farvergaarden von 1630, in dem sich heute das kulturhistorische Stadtmuseum befindet.

Ganz so alt ist aber das Sortiment im Høkeren zum Glück nicht. Der Gemischtwarenladen, der Besucher in die Zeit um 1900 zurückkatapultiert, ist in einem Gebäude aus dem 18. Jahrhundert untergebracht – sorgfältig restauriert, versteht sich. Seine Waren bekommt der Laden aus dem ganzen Land geliefert, denn man möchte ein möglichst authentisches Bild abgeben und ein Sortiment anbieten wie vor 120 Jahren. Und ein bisschen erschlagen wird man von dem üppigen Angebot schon – von unten bis oben ist der Laden mit allen möglichen Waren gefüllt. Gießkannen, Bürsten und Besen hängen von der Decke, daneben Weihnachtsschmuck und Siebe aus Emaille. In der Ecke ein großes Fass, in dem eingelegter Hering gelagert wird. Darüber Glaskugeln in Makramee-Aufhängung und Petroleumlampen. Gewebte Handtücher und Kerzenlöscher neben den Gläsern mit losen Bonbons in allen erdenklichen Farben.

TIPP
Im Innenhof des Farvergaards lässt sich herrlich die Sonne genießen – und auch Stelzenlaufen.

Ein Flashback in die Kindertage, als man mit ein paar Talern in der vor Aufregung schwitzigen, fest geschlossenen Hand beim Bäcker oder im Freibad stand und grübelte, ob es diesmal für saure Pommes und Esspapier reichen wird. Und die Erinnerungen brechen nicht ab beim Anblick der Spieluhren und Kasperlepuppen, der Brummkreisel und altmodischen Anziehpuppen aus Papier. Die Holzrassel in Form eines Marienkäfers, die Fingerpuppen oder der Tippetop, der Kreisel, der sich immer wieder aufstellt. Spielsachen, die zur eigenen Kinderzeit schon ein bisschen altmodisch anmuteten, trotzdem werden sie beim ein oder anderen Bilder aus vergangenen Zeiten hervorrufen. Es lohnt sich!

● Høkeren, Trollegade 2 H, 5300 Kerteminde, Fünen

PAN
bolcher
22 kr pr. 100g

Min Amanda fra Kerteminde

29

Kertemindes bekannte Statue

Sie wollte Schauspielerin werden wie eine ihrer Schwestern aus der achtköpfigen Kinderschar. Sofie Krag, Tochter des Uhrmachers Edvard Krag und seiner Frau Marie, beschloss im Alter von 20 Jahren, den Schritt zu wagen und im quirligen Kopenhagen ihre Träume in die Tat umzusetzen. Und sie hatte Erfolg. Schnell ergatterte das Mädchen aus Kerteminde ein Engagement am Nørrebro-Theater. Und sie war erfolgreich, aufgenommen und geachtet in Kopenhagener Schauspielerkreisen. Gar nicht so einfach, dort Fuß zu fassen – und dann noch für ein Mädchen aus der Provinz. Auch privat schien ihr das Glück hold zu sein und sie verlobte sich mit dem einige Jahre älteren Schriftsteller Anton Melbye. Was für eine Karriere!

Nichts schien sie aufzuhalten – wäre ihr nicht der Student aus ihrer Heimatstadt über den Weg gelaufen. Die Begegnung der beiden hatte die Auflösung der Verlobung und einen, heute würde man sagen, wahren Shitstorm der gutbürgerlichen Gesellschaft zur Folge. So eine Geschichte war natürlich völlig untragbar! I-Tüpfelchen des Ganzen war, dass ein Freund des gehörnten Schriftstellers kurz darauf einen Kassenschlager schrieb – einen wahren Ohrwurm – und Amanda aus Kerteminde landesweit bekannt machte. *Min Amanda var fra Kerteminde* – „Meine Amanda kam aus Kerteminde" – wurde allerorts im Land geträllert und so zum Synonym für unsichere – weil treulose – Ehekandidatinnen.

TIPP

Im Johannes-Larsen-Museum begegnet man dem bedeutendsten Vertreter der Fünen-Maler.

Kerteminde hat „ihrer Amanda" natürlich längst ihre treulosen Eskapaden verziehen und heute ist der Name in der Stadt bestens vertreten. Der Künstler Robert Lund Jensen schuf 1954 die Frauenstatue, die heute die Brücke über das Kertinge Nor ziert und als Symbol steht für alle schönen, anmutigen Töchter der Stadt, die man einfach lieben muss. Kein Wunder eigentlich, denn schließlich bedeutet ja Amanda die Liebenswerte. Und wenn man genau hinsieht, geht ihr Blick ein kleines bisschen Richtung Brücke, von der sich an warmen Sommertagen gerne ein paar furchtlose junge Männer ins kühle Nass stürzen. *Min Amanda var fra Kerteminde …*

● Amanda-Statue, Odensevej, 5300 Kerteminde, Fünen

Baden in Meer und Wald

30 Das Naturgebiet Flyvesandet

Herrliche, weich geschwungene Dünen, das saftige Grün des Waldes, weite Blicke über das glitzernde Blau des Meeres. Das Naturgebiet Flyvesandet an der Spitze von Agernæs ist nicht nur ein wundervoll ruhiger Ort, der zu langen Spaziergängen einlädt – die einzigen Sanddünen Fünens und der nördlichste Strand der Insel mit seinem seichten flachen Wasser und der endlos anmutenden Weite verführen auch zur stundenlangen Suche nach Muscheln oder Donnerkeilen und zu ganz viel Badespaß. Manchmal können hier Robben oder Schweinswale beobachtet werden und bei sehr klarer Sicht schaut man bis zur Ostseeinsel Samsø hinüber.

Diese einzigartige Landschaft umfasst außerdem ein traumhaft schönes Waldgebiet. Am Storskov kommt man kaum vorbei, ohne eine der fantastischen Wandertouren auszuprobieren, die durch den Wald führen. Der als „Säulenwald“ bekannte Waldabschnitt mit seinen charakteristischen schlanken hohen Buchen, von denen einige an die 130 Jahre alt sein dürften, ist einer der Höhepunkte auf den Touren. Oder die alte Eiche, die einst prächtig und groß hier im Wald ihren Platz beanspruchte, dann aber von einem Blitz getroffen wurde und abbrannte. Allerdings nur zur Hälfte, die andere Hälfte ist einfach weitergewachsen. Heute ist die Eiche mit dem großen Überlebenswillen ein beliebtes Ausflugsziel.

Und auch das Waldbaden wird hier zelebriert, im Sommer an ausgewählten Terminen sogar angeleitet. Das in Japan als Shinrin Yoku bezeichnete „mit allen Sinnen in die Stille und Unberührtheit des Waldes eintauchen“ ist hier in der wunderschönen wilden Natur des Flyvesandet echte Wellness für Körper und Seele. Schon ein kurzer Aufenthalt verbessert laut japanischen Wissenschaftlern bei Waldbadenden Atmung, Puls und Blutdruck. Das Immunsystem wird positiv beeinflusst und Glückshormone freigesetzt. Wer also am Glücksort Flyvesandet noch einen extra Booster Glücksgefühle verträgt, sollte das Baden im Wald unbedingt einmal ausprobieren.

TIPP

Hundebesitzer und ihre Vierbeiner werden sich freuen über den wirklich schönen Hundeskov, den Hundewald.

● Flyvesandet-Strand, Flyvesandsvej, 5450 Otterup, Fünen

Regional & nachhaltig

31 Byens Gårdbutik in Svendborg

Schon ein wenig abseits der Innenstadt, aber noch locker fußläufig zu erreichen ist Byens Gårdbutik, der Hofladen der Stadt. Hier gibt es alles, was Magen und auch Herz begehren: von frischem Obst und Gemüse bis zu Käse und Wein. Aber auch Seifen und Keramik sind hier zu haben. Byens Gårdbutik setzt auf Nachhaltigkeit. Verkauft werden ausschließlich regionale Produkte und Spezialitäten von Fünen und den Inseln des südfünischen Inselmeeres. Mit dem Elektrofahrzeug werden die Waren von den ausnahmslos kleinen Erzeugern abgeholt und in den Laden nach Svendborg gebracht. Kurze Transportwege sind die Voraussetzung für Produkte, die hier zu haben, aber eben nicht in jedem Supermarkt zu finden sind. Man kennt sich. In Byens Gårdbutik sind Waren von mehr als 90 Produzenten der Region vertreten, über jedes Produkt kann detailliert Auskunft gegeben werden. Man erhofft sich hier ein stärkeres Bewusstsein für Nachhaltigkeit und möchte die Menschen dazu inspirieren, saisonal und regional einzukaufen.

TIPP

Von außen das Brecht-Haus in Skovsbostrand in der Nähe von Svendborg ansehen.

Dass es mit diesen erstrebenswerten Zielen nicht nur regionale Gewinner gibt, wird klar, wenn man das gemütliche Café der Gårdbutik besucht. Hier gewinnen nämlich vor allem die Geschmacksknospen. Alles, was im Café angeboten wird, wurde aus den Produkten hergestellt, die auch im Laden verkauft werden. Köstliche Kuchen, vorzügliche Panini oder ein verführerisches Snackbrett. Was auch immer man auswählt, genießen kann man das Ganze dann im hyggeligen Gartenzimmer oder in dem schönen Hinterhof. Trotz der Stadtlage ist es hier wunderbar ruhig – eine kleine grüne Oase mit Vogelgezwitscher als musikalischer Untermalung. Der große Ginkgo, der hier in der Mitte steht und im Übrigen der größte Dänemarks ist, spendet im Sommer Schatten. Im Herbst aber lässt er den Innenhof geradezu aufleuchten. Aber egal, zu welcher Jahreszeit: Ein Besuch in Byens Gårdbutik hinterlässt ein nachhaltig wohliges, wohltuendes Gefühl.

● Byens Gårdbutik, Vestergade 25, 5700 Svendborg, Fünen
www.byensgaardbutik.dk

Die neun Zwerge

32 Die kleinen Inseln Südfünens

Von Svendborg aus erreicht man Skarø, Drejø und Hjortø. Letztere ist die kleinste von ihnen – hier leben lediglich vier Einwohner. Ein kleines Naturparadies ist die Insel aber dennoch, Zugvögel, aber auch Seeadler haben das ebenfalls für sich entdeckt. Und während man sich für einen Ausflug nach Hjortø Verpflegung mitbringen muss, kann man es sich sowohl auf Skarø als auch auf Drejø in Inselcafés gutgehen lassen. Skarø ist darüber hinaus bekannt für das alljährlich im August stattfindende Musikfestival und das Eis, das dänemarkweit ein echter Verkaufsschlager ist. Drejø hingegen besticht mit Steilküste, der Landenge Drejet, dem Gammel Havn und schönen Hofläden.

Auf die Inseln Bjørnø, Lyø und Avernakø gelangt man per Fähre von Faaborg aus. Das autofreie Bjørnø wurde bereits im 13. Jahrhundert als „Insel der Bären" erwähnt, aber davor muss man sich heute nicht mehr fürchten. Steilhänge und grandiose Ausblicke machen eine Inselumrundung zu Fuß zum Erlebnis. Lyø ist die Malerische! Das alte Inseldorf mit seinen Fachwerkhäusern und Dorfteichen ist pure Idylle. Besonders gut per Fahrrad erkunden lässt sich Avernakø, ursprünglich zwei Inseln, die durch einen Damm miteinander verbunden wurden. Schöne Badestrände und viel Natur!

TIPP

Inselhopping im Sommer: mit der Fähre von Svendborg, Faaborg und Rudkøbing raus auf die Inseln.

Zur Mini-Insel Birkholm mit mehr Häusern als Einwohnern startet eine Fähre von Marstal aus. Es gibt keine asphaltierten Wege und keine Einkaufsmöglichkeiten, also auf jeden Fall an Proviant denken!

Strynø mit ihrer gut funktionierenden Inselgemeinschaft und immerhin gut 190 Einwohnern lädt ein in das Øhavets Smakke-og Naturcenter, in dem man etwas erfährt über die Insel und die für das Inselmeer typischen kleinen Smakkejollen. Besucher können sich im Stand-up-Paddling oder nach einer Einführung im Segeln in einer der Jollen ausprobieren.

Das unbewohnte Svelmø ist nur über den Ebbeweg erreichbar, im Sommer ist jedoch eine drei- bis vierstündige Inselrundfahrt mit dem Trecker, die meist mit einem Picknick am Strand endet, ein kleines Erlebnis.

● Skarø, Drejø, Hjortø, Bjørnø, Lyø, Avernakø, Birkholm, Strynø, Svelmø

Idylle im Inselmeer

33 Das Café Sommersild auf Skarø

Einen Tag lang Teil einer kleinen Inselgemeinschaft werden – das kann man auf der Insel Skarø, nur eine gute halbe Stunde mit der Fähre von Svendborg entfernt. Schon die Fährfahrt dorthin ist ein Erlebnis. Die Skyline von Svendborg, die an einem vorüberzieht, und die vielen weißen Segel, die auf dem glitzernden Meer tanzen, machen nicht nur Seebären glücklich.

Skarø kann am besten zu Fuß erkundet werden. Die Wege zur Kirche und durch die schöne Natur sind absolut lohnenswert. Ein kleines Paradies mit fröhlich quakenden Fröschen im Dorfteich und Hasen, die über die Wiesen jagen. Man sagt, wenn sich der Wind lege im südfünischen Inselmeer, dann höre man die Stille. Genauso ist es hier auf Skarø. Hier scheint die Zeit stehen zu bleiben, sobald man die Insel betreten und die Fähre wieder abgelegt hat.

TIPP

Wer auf kalt und süß steht, findet das Richtige in der nahe gelegenen Eismanufaktur Skarø Is.

Nur ein Weg führt in die Siedlung mit knapp 30 Bewohnern. Und gleich das erste Haus, der Strandgaarden, ist der Ort, den man keinesfalls verpassen darf. Denn hier haben Gitte und Kristian Loftlund eine Oase geschaffen, für die jeder Marsch durch die Wüste lohnt. Das Café Sommersild präsentiert einen kulinarischen Sommer wie im Bilderbuch. Im Garten können Besucher sich unter Sonnenschirmen an rustikalen Tischen von Inselköstlichkeiten verführen und der Atmosphäre verzaubern lassen.

Es gibt keine Karte – in der Hochsaison kann man hier aber herrlich frühstücken, hausgemachtes Sauerteigbrot und Marmeladen, Aufschnitt von eigenen Lämmern und Obst, Beeren und Salate werden angeboten. Je nach Angebot und Inspiration der Köche gibt es ansonsten mal selbst geräucherte Krabben oder Lachs, der ausnahmsweise von den Färöern kommt, gegrilltes Lammfleisch oder Steinofenpizza. Absolute Empfehlung ist auch ein Frokost-Teller, der gespickt mit Köstlichkeiten der Region eine kleine Geschmackssensation ist. Und natürlich kommen auch Slikmunde, wie man im Dänischen die Leckermäulchen bezeichnet, nicht zu kurz: Hausgemachten Kuchen und frische Waffeln mit Rhabarberkompott bekommt man hier nämlich auch.

● Café Sommersild, Skarø Brovej 7, Skarø, Tel. +45 50 40 74 81, www.sommersild.dk

Was ist ein Ø-Hop?

34

Inselhopping im südfünischen Inselmeer

Ø-Hop, Inselhopping, ist die Quintessenz eines Urlaubs im südfünischen Inselmeer – jener größten überfluteten Eiszeitlandschaft weltweit. Hier schlummern unter der Meeresoberfläche noch Siedlungsspuren aus der Steinzeit und das, was wir heute als Inseln wahrnehmen, sind Hügel aus vergangenen Zeiten. Es ist eine grandiose Art, dieses herrliche Gebiet auch von der Seeseite aus für sich zu erobern. Nirgendwo sonst kann man in so kurzer Zeit so viele völlig unterschiedliche Orte entdecken, die man nicht nur schwer wieder aus dem Kopf bekommt, sondern die sich auch im Herzen breitmachen.

Besteigt man eine der Fähren, die sich ins Inselmeer aufmachen, ist die Welt plötzlich eine ganz andere. Ruhe breitet sich aus, der Alltag tritt fast augenblicklich in den Hintergrund. Die seichten Gewässer südlich von Fünen mit ihren über 55 Inseln und Holmen sind ein einzigartiges Naturerlebnis. Wellness für die Seele. Das Meer mit seinen immer wechselnden Schattierungen von Blau und Grün, die atemberaubenden Küstenlandschaften und natürlich die kleinen und größeren Inseln selbst, die jede für sich mit ihrem ganz eigenen Inselflair, ihrer Geschichte, unverwechselbaren Naturerlebnissen und nicht zuletzt den oftmals sehr wenigen Einwohnern ein wundervolles Unikat inmitten eines ganzen Meeres an Inseln ist. Und ob es die Stille der kleinen Inseln, das pulsierende Leben in den kleinen Häfen oder die absolute Dunkelheit des Nachthimmels über dem Inselmeer ist – dieses Stückchen Erde erobert jedes Herz im Sturm.

Es gibt mehrere Möglichkeiten, in das Inselmeer einzutauchen. Sowohl von Svendborg, Faaborg als auch Rudkøbing aus geht es auf die kleineren Inseln. In der Hochsaison werden Ø-Hop-Tickets verkauft, mit denen man zwischen den Inseln hin- und herfahren kann. Den Besuch zumindest einer dieser kleinen Inseln sollte man sich nicht entgehen lassen – Ø-Hop macht einfach glücklich!

TIPP

Mit einem Inselpass, dem Ø-Pas, macht das Inselhopping doppelt Spaß.

● Inselhopping, beispielsweise ab Hafenkontor im Hafen Svendborg, Jessens Mole 6, 5700 Svendborg, www.svendborg-havn.dk/faerger/oe-hop

HØJESTENE

Mitten ins Herz

35

Spaziergang durch Troense auf Tåsinge

Troense ist einer der wenigen Orte, die einen augenblicklich mitten ins Herz treffen und der Liebe auf den ersten Blick eine völlig neue Dimension geben. Angeschmiegt an den Svendborgsund liegt die knapp 1400 Einwohner zählende Satellitenstadt im Nordosten von Tåsinge, nur 5 Kilometer von Svendborg entfernt. Zahlreiche denkmalgeschützte Fachwerkhäuser aus dem 18. Jahrhundert säumen vor allem Grønnegade und Troense Strandvej. Ein Spaziergang durch die schönen Straßen des hyggeligen Troense kann süchtig machen. Vor allem im Frühjahr, wenn die Obstbäume blühen.

Zwei Touren von je knapp 2 Kilometern führen durch den Ort mit Wurzeln im Schiffsbau und der Seefahrt. Entspannt schlendert man an der alten Holzschiffswerft, die bis 1984 arbeitete, dem 2016 unter dem Namen Storms Hjørne wiedereröffneten Kaufmann des Ortes, der nun von einem Verein betrieben wird, und an der alten Schule vorbei. Außerdem führt ein Teil des Weges entlang der Lunkebugt mit Aussicht auf Thurø – einfach traumhaft! Auch das heute noch sehr beliebte Troense-Hotel, das 1905 als Badehotel errichtet wurde und direkt gegenüber dem kleinen Segelhafen liegt, wird man nicht übersehen. Im Hafen kann man die alte Dampfschiffbrücke bewundern, von der bis Mitte des 20. Jahrhunderts Fähren nach Rudkøbing, Kopenhagen und Kiel ablegten. Ganz in der Nähe lag Ende des 19. Jahrhunderts das Pensionat von Johanne Andersen, von dem aus Elvira Madigan und Sixten Sparre am Morgen des 18. Juli 1889 aufbrachen in den Nørreskov. Weiter geht es vorbei an den Häusern vom Schiffsbaumeister, Schiffsreeder und Seilmacher bis zu den hübschen Fachwerkhäusern mit ihren dahinter liegenden, lang gezogenen Gärten. Niels Juel war es, der 1750 die Häuser samt Gärten errichten ließ und die Bauern dazu brachte, sich dem Obstbau zu verschreiben. Erfolgreich! Troense ist ein kleiner Ort, der vor Geschichten nur so strotzt. Ein kleiner Ort mit großer Atmosphäre. Ein kleiner Ort mit riesigem Glücksgefühl.

TIPP

Der gegenüberliegenden Insel Thurø mit dem schönen Strand Smørmosen einen Besuch abstatten!

● Troense, 5700 Svendborg, Tåsinge

Blick von ganz oben

36 Bregninge Kirke auf Tåsinge

Die rund 70 Quadratkilometer große Insel Tåsinge zwischen Fünen und Langeland wird von vielen Urlaubern lediglich als Transferinsel wahrgenommen – doch das wird diesem wunderschönen Fleckchen Erde wirklich nicht gerecht. Die Insel ist mit ihren prächtigen Gärten, Apfelplantagen, hübschen Dörfern und einer abwechslungsreichen Landschaft auch an sich ein lohnendes Ziel.

Einen grandiosen Überblick über das schmucke Eiland kann man sich vom Kirchturm in Bregninge verschaffen – und nicht nur das. Von hier oben schaut man weit über das herrliche südfünische Inselmeer und bei optimalen Bedingungen auch bis nach Seeland im Osten und Als im Westen. Diese grandiose Aussicht ist vor allem der fantastischen Lage auf einem der höchsten Punkte der Insel inmitten der Bregninge Bakker geschuldet. Auch wenn die Bregninge Kirke auf den ersten Blick geradezu jugendhaft daherzukommen scheint, gehen ihre Ursprünge auf eine mittelalterliche, aus Feldsteinen gebaute, weiß getünchte Kirche aus der Zeit um 1100 zurück. Im Inneren der Kirche kann man sich durch die ursprünglichen weißen Steinwände davon noch überzeugen lassen.

TIPP

Spaziergang durch die Hügellandschaft Bregninge Bakker mit Picknick und traumhafter Aussicht.

Wie viele andere Kirchen auch durchlebte sie im Laufe der Zeit viele Veränderungen. 1793 ließ Frederik Juel den oberen Teil des Turms umbauen in ein achteckiges Holzgebäude mit Fenstern zu allen Seiten und einem Balkon als Abschluss. Das „Krähennest“, wie es im Volksmund hieß, erfreute sich großer Beliebtheit. Von nah und fern strömten die Menschen zur Kirche, um die einzigartige Aussicht zu genießen. 1883 wurde der Balkon mit einer auf acht Pfeilern ruhenden Turmspitze überbaut, dem Besucherstrom tat dies jedoch keinen Abbruch. Lange Zeit mussten die Einwohner der Gemeinde Bregninge keine Kirchensteuer zahlen, da die Instandhaltungskosten der Kirche durch Eintrittsgelder gedeckt werden konnten.

Der Aufstieg lohnt sich! Oben wird man vor allem ganz früh am Morgen, aber auch bei untergehender Sonne mit fantastischen Ausblicken belohnt, die sich tief ins Gedächtnis einbrennen.

● Bregninge Kirke, Kirkebakken 2 A, 5700 Svendborg, Tåsinge

Romeo & Julia des Nordens

37

Elvira Madigan & Sixten Sparre auf Tåsinge

Das kleine, aber feine Tåsinge-Museum inmitten der Bregninge Bakker widmet sich neben Lokalhistorie einer Liebesgeschichte, die sich vor rund 130 Jahren hier zugetragen haben soll. Auch wenn ihre Geschichte mittlerweile in einigen Punkten in Frage gestellt wird, gelten Elvira Madigan und Sixten Sparre vielen noch immer als Romeo und Julia des Nordens. Ihr gemeinsames Grab in Landet auf Tåsinge ist so etwas wie ein kleiner Wallfahrtsort und noch immer ist es Brauch für frisch verheiratete Paare, hier ihren Brautstrauß niederzulegen – ein Blumenschmuck, der der jungen Elvira nie vergönnt war.
Sixten, schwedischer Dragonerleutnant und seiner Meinung nach verkanntes Dichtergenie, verliebte sich bei einem Zirkusbesuch in die junge Seiltänzerin Elvira. Elvira, mit bürgerlichem Namen Hedvig Antoinette Isabella Eleonore Jensen, war umjubelte Zirkusprinzessin und auf allen großen Bühnen Europas zu Hause. Die beiden verband ein intensiver Briefwechsel – heimlich, denn niemand im Zirkus wollte Elvira, die größte Attraktion, an einen Mann verlieren. Zudem war Sixten bereits verheiratet, hatte zwei Kinder und darüber hinaus das gesamte Vermögen seiner Frau durchgebracht. Die kleine Familie stand vor dem finanziellen Aus. Elvira, die zwar schon viele Städte in Europa gesehen hatte, kannte nichts weiter als das Zirkusleben und sehnte sich nach etwas anderem. So gelang es Sixten nach nur einem Jahr, Elvira zur gemeinsamen Flucht zu überreden. Sie flohen nach Svendborg, wo sie sich als Paar auf Hochzeitsreise ausgaben, das jedoch nach einigen Wochen seine Hotelrechnung nicht begleichen konnte. Außerdem fiel die als vermisst gemeldete Elvira auf, deren Bild Zeitungen zierte. Das Paar machte sich auf nach Tåsinge, wo sie im Ort Troense bei einer Fischerfamilie unterkamen. Drei Tage später kamen sie von einem gemeinsamen Picknick im nahe gelegenen Nørreskov nicht mehr zurück. Sixten erschoss dort erst Elvira, dann sich selbst. Eine Liebe mit unglücklichem Ende, jedoch unvergessen.

TIPP

Zum Gedenkstein im Nørreskov eine Wanderung unternehmen.

● Elvira Madigan & Sixten Sparre, Tåsinge-Museum, Kirkebakken 1 A, 5700 Svendborg, Tåsinge, Tel. +45 62 22 71 44, www.taasinge-museum.dk

Ein stilles Zwiegespräch

38

Valdemars Slot auf Tåsinge

Kommt man sehr früh morgens oder gegen Abend zum Valdemars Slot, wird man ziemlich sicher nur vereinzelt auf andere Menschen treffen. Vielleicht wird der ein oder andere Mitarbeiter der Anlage nach dem Rechten schauen, ein mutiger Schwimmer vom nahe gelegenen Badesteg ins kühle Nass steigen oder ein Spaziergänger den Weg zum Strand entlanggehen, versunken ins stille Zwiegespräch mit seinem vierbeinigen Begleiter. Es ist ruhig hier um diese Zeit. Und auf fast schon merkwürdige Weise berührt diese friedliche Stimmung ganz besonders angesichts der pompösen Schlossanlage: das Barockschloss, die stattlichen Torhäuser, die lang gezogenen Kutschen- und Stallhäuser, der künstlich angelegte See und als Blickfang der Teepavillon, dort, wo die Anlage in den Strand übergeht. Als sei dieser Ort für genau diesen Augenblick geschaffen. Harmonie in Perfektion.

Viel könnte man erzählen über die wechselhafte Geschichte des Schlosses. Über König Christian IV., der hier auf den Fundamenten der mittelalterlichen Burg Kærsgård ein Schloss für seinen Sohn Valdemar Christian errichten ließ. Über Valdemar, der das Schloss nicht wollte, sich nie auf Tåsinge niederließ und auf einem Schlachtfeld in Polen kaum 35-jährig fiel. Man könnte berichten von den schweren Beschädigungen und der Besetzung des Schlosses während der Schwedenkriege und dem Seehelden Niels Juel, der Valdemars Slot schließlich vor dem Untergang bewahrte und dessen gleichnamiger Enkel der Anlage das heutige Aussehen verlieh. Die jahrelangen Familienstreitigkeiten könnten erwähnt werden und dass nun endlich ein innerfamiliärer Käufer für das Anwesen gefunden wurde – die über dreihundertjährige Geschichte des Schlosses in den Händen dieser Familienlinie wird also fortgesetzt.

Aber all das ist völlig unerheblich für den Augenblick, in dem man die erhabene Stille dieses Ortes erlebt. Durchatmet. Runterkommt. Es ist schön hier. Besonders frühmorgens oder gegen Abend. Ein Ort, wie geschaffen für diese stillen Stunden.

TIPP

Am Strand direkt hinter der Schlossanlage noch ein bisschen Seeluft schnuppern.

● Valdemars Slot, Slotsalleen 100, 5700 Svendborg, Tåsinge

Kunst im Schlosspark

39 TICKON auf Langeland

Ist das hier Kunst oder kann das weg? Wenn inmitten der üppigen Natur des Schlossparks von Tranekær plötzlich ein Kunstwerk auftaucht, kann das verwirren. Ist das Natur oder von Menschenhand geschaffen? Im Park TICKON – Tranekær International Center for Kunst og Natur – begeben sich Besucher auf eine Entdeckungstour der besonderen Art. Seit die Familie Ahlefeldt-Laurvig den Schlosspark 1993 an TICKON übergab, haben mehr als 20 dänische und internationale Künstler hier ihre Werke geschaffen.

Land Art ist das Zauberwort. Alles dreht sich um Kunstwerke, die sich in die Natur einfügen, sich in ihr entwickeln, aber auch den zerstörerischen Kräften ausgesetzt sind. Die Skulpturen sind aus natürlichen Materialien wie Holz, Erde oder Stein geschaffen worden und erleben im Park ihr Aufblühen und die Zeit ihrer größten Schönheit genauso wie ihren Niedergang und die eigene Vergänglichkeit. Nichts ist für die Ewigkeit. Einige der Kunstwerke verschwinden also im Laufe der Zeit, doch es kommen auch immer wieder neue Werke hinzu. Manche Natur-Skulpturen wurden mittlerweile dennoch bearbeitet, sie wurden im Sinne der Sicherheit der Besucher verstärkt. Es zeigte sich, dass ein paar der Kunstobjekte geradezu dazu einladen, im wahrsten Sinne des Wortes begriffen und eben auch betreten zu werden. Kunstwerke werden im TICKON natürlicher wahrgenommen als in jeder Galerie. Zum Beispiel Antti Ylönens *Hidden Power*, das aus einem großen Felsblock besteht, der wie ein Auge aus dem Hügel herausschaut, wurde sicher gemacht, da Kinder und Erwachsene über das „Augenlid" klettern.

Die Kunstwerke in diesem Park stellen unsere allgemeine Vorstellung von Kunst in Frage, gleichzeitig schärfen sie aber den Blick für die Natur in der Kunst – und für die Kunst in der Natur. Denn nach einiger Zeit fragt man sich, ob nicht das in einem Spinnennetz verfangene Blatt oder der über den Trampelpfad gestürzte Baum ein Kunstobjekt ist oder nicht. Dies zu entscheiden, liegt bei jedem selbst.

TIPP

Zur richtigen Zeit am richtigen Ort und man kann die Klanginstallation erleben – großartig!

● TICKON, Botofte Strandvej 4, 5953 Tranekær, Langeland

Ponys im Naturparadies

40

Wanderung am Dovns Klint

Wanderschuhe an und los! Dieses einzigartige Naturerlebnis auf Langeland sollte man sich nicht entgehen lassen! Denn der Süden Langelands ist wirklich speziell: eine recht flache Landschaft mit Feldern und Wiesen, kleinen Wäldern, Seen und Mooren, immer wieder unterbrochen von großen und kleinen hutförmigen Hügeln, die wie zufällig in die Landschaft hineingeworfen wirken. Manchmal erheben sie sich aber auch in Reihen parallel zueinander. Gut 1000 dieser Hügel gibt es auf Langeland – ein Naturphänomen und Relikt der letzten Eiszeit.
Aber diese spannende Landschaft im Süden der Insel hat noch mehr zu bieten. Hier leben auf einem etwa 120 Hektar großen, eingezäunten Areal rund 60 Exmoor-Ponys – quasi wild, denn menschliche Intervention ist auf ein Minimum reduziert. Die kräftigen Tiere mit schwarzen Beinen und einem so dichten Winterfell, dass im Winter Schnee darauf liegen bleibt, ohne zu schmelzen, leisten einen wertvollen Beitrag zur Entwicklung und Pflege dieser vielfältigen Landschaft.

TIPP
Nicht weit von hier ist der Keldsnor Fyr ein wunderschönes Fotomotiv.

Einen guten Überblick über das Areal der Wildpferde kann man sich vom Ørnehøj aus verschaffen, einem der hutförmigen Hügel, der nur ein kurzes Wegstück vom Parkplatz entfernt liegt, an der Strecke eines ausgewiesenen Wanderweges. Der Weg führt weiter durch einen kleinen Wald bis zur Steilküste, die hier an der Südspitze einen spektakulären Übergang zwischen Land und Meer bildet. Die Bäume, die direkt bis an die Steilküste Gulstav Klint reichen, sind dem Wind ausgesetzt und deutlich gezeichnet. Einen regelrechten Gespensterwald würden einige hier sehen.
Auf der Steilküste geht es weiter bis zur südlichsten Spitze der Insel, dem Dovns Klint – eine eindrucksvolle Naturkulisse voller besonderer Aus- und Fernsichten. Und von den imposanten Fotomotiven ganz zu schweigen. Auf dem Rückweg passiert man ein kleines Infocenter, ganz schlicht und nordisch sachlich. Ja, das können sie hier – aus dem Grandiosen keine große Sache machen. Für jedermann zugänglich. Für jedermann erlebbar.

● Dovns Klint, Start der Wanderung am Parkplatz am Gulstav Mose, Gulstavvej, 5935 Bagenkop, Langeland

Schmuck & Sommerfugl

41 Galerie Sabine Majus in Rudkøbing

Kreativität ist ihr Antrieb, die Natur Langelands ihre Inspiration. In ihrem wunderschönen Laden in Rudkøbing kann man sich von ihren kleinen und auch größeren Kunstwerken verzaubern lassen. Sabine Majus arbeitet mit Sterlingsilber und reinem Gold und liebt es, sich auch alte Goldschmiedetraditionen anzueignen. Darüber hinaus sind aber auch Materialien wie Papier, Holz, Strandkiesel oder Treibholz spannend für die Künstlerin. „Jedes Material eröffnet eine neue Welt, in die man eintauchen und sich mit ihr vertraut machen kann", sagt sie. Neben ihren fantastisch schönen, stilvoll-schlichten Schmuckstücken, die jedes Herz höherschlagen lassen, ist die gelernte Goldschmiedin und Möbelschreinerin bekannt für den Ørsted Pris. Benannt ist die Auszeichnung nach dem bekanntesten Sohn Rudkøbings, Hans Christian Ørsted. Ørsted machte sich aber nicht nur als Naturwissenschaftler einen Namen. Er beschrieb auch sehr exakt, was er tat, und so gehen rund 2000 dänische Wortschöpfungen auf ihn zurück. Seit 2013 werden Wissenschaftler, die ihre Forschungsarbeit hervorstechend gut vermitteln, mit einer Statue in Form eines Schmetterlings geehrt – denn lange ging man davon aus, dass auch das dänische Wort Sommerfugl auf Ørsted zurückgeht.

TIPP

Die Statue von H.C. Ørsted auf dem Gåsetorvet in Rudkøbing ansehen.

Und auch wenn das gar nicht richtig ist, so wäre doch der Schmetterling als Symbol ganz in Ørsteds Sinne, denn „die Kombination von Technik und Ästhetik steht hier im Vordergrund", so die Künstlerin. Sabine Majus schafft jedes Jahr einen einzigartigen „Sommervogel": In Plique-à-jour-Technik füllt sie flüssige Emaille in die ausgesägten Löcher des Schmetterlings aus Sterlingsilber. Mehrere Schichten und mehrere Brennvorgänge im Ofen bei 800 Grad sind nötig, um die einzelnen Zellen zu füllen. Und immer stellen Form und Farbe eine Verbindung zum jeweiligen Preisträger her – da sind große Kunstfertigkeit und viel Recherchearbeit gefragt. Es gibt so viel zu entdecken im Laden von Sabine Majus – und vermutlich ist auch das neue Lieblingsschmuckstück dabei.

● Galerie Guldsmed Sabine Majus, Sidsels Bagers Gade 8, 5900 Rudkøbing, Langeland, www.majussmykker.dk

BRUGSKUNST
BRINT
ILT
RUMFANG
NEJSIGER
SPIRALLINJER
FORTÆTNING
ILDSJÆL
AUTORITETSTRO
SNEGLEGANGE

Nordische Sommerstimmung

42 Der Hafen von Lohals

Wer die Atmosphäre eines kleinen Hafens zu schätzen weiß, der ist im Hafen des nördlichsten Ortes auf der Insel Langeland gut aufgehoben. Lohals zählt rund 450 Einwohner und allein das klingt schon gemütlich. Gegen Ende des 19. Jahrhunderts entdeckten Künstler, insbesondere Maler und Schriftsteller, den Ort und seine wunderschöne Umgebung – Wasser und weitläufige Waldgebiete dominieren das Landschaftsbild. Lohals wurde beliebt und schon bald erlangte der Ort den Ruf als das „zweite Skagen". Urlauber folgten dem Image und mussten untergebracht, verpflegt, ja auch unterhalten werden und trugen damit maßgeblich zur Entwicklung des kleinen Ortes bei. Sogar die Sprache beeinflussten die Gäste von nah und fern – in Lohals sprach man plötzlich anders als „da draußen auf dem Land".

TIPP
Nördlich von Lohals im Buchenwald Vestre Stigtehave eine kleine Wanderung unternehmen.

Der erst kürzlich renovierte, stimmungsvolle kleine Hafen lädt einfach dazu ein, hier Zeit zu verbringen – nicht nur als Segler. Ein wenig umherstromern, Schiffe anschauen, eine Kleinigkeit essen oder trinken und einfach die Seele baumeln lassen. Wer möchte, kann sich hier auch SUP-Boards oder Fahrräder ausleihen.

Der Sandstrand mit obligatorischem Badesteg liegt nördlich des Hafens, auf dem Weg dorthin lohnt ein Stopp an Holms Café und Beach-Bar, wo in lässigem Ambiente entspannt ein Glas kühles Bier und hervorragende Pizza oder einfach ein Becher warme Schokolade oder Kaffee genossen werden können.

Aufmachen kann man sich von hier aus auch auf den Wanderweg Øhavsstien und die umliegenden Wälder laden ebenfalls zu ausgedehnten Touren ein. Allen voran der Brænglevænget, in dem man mit etwas Glück eines der hier auf Nordlangeland lebenden schwarzen Eichhörnchen zu Gesicht bekommt.

Neben vielen Musikveranstaltungen, die während des Sommers im Hafen von Lohals stattfinden, lockt das alljährliche Frikadellenfestival inklusive inoffizieller Frikadellen-Weltmeisterschaft Hungrige aus allen Ecken des Landes. Mehr nordische Sommerstimmung geht nicht!

● Hafen von Lohals, Havnen 5, Lohals, 5953 Tranekær, Langeland

Molly II

Kunst im Kleinformat

43 Die Kunsttürme auf Langeland

Kunst im Transformatorenturm? Was erst mal abwegig klingt, ist eine richtig spannende Sache, die Kunstfreunde begeistern wird. Die Geschichte der Kunsttürme auf Langeland begann, als das Stromnetz der Insel von Freileitungen auf Erdkabel umgestellt wurde. Die Transformatorentürme, von denen es zeitweise mehr als 80 auf Langeland gab, verloren ihre Bedeutung und man fragte sich, was aus ihnen werden sollte. Klar war, dass Gebäude, die nicht genutzt wurden, dem Vergessen und letztlich dem Verfall preisgegeben werden. Das wollte man zumindest für eine gewisse Anzahl der Türme verhindern. Ein Ideenwettbewerb wurde ausgeschrieben und der Rudkøbinger Künstler Hans Kjær steuerte die entscheidende Idee für Kunsttürme bei. Für ihn lag es auf der Hand, die Türme kreativ zu nutzen, und die Idee war, die Türme Künstlern zur Verfügung zu stellen, die ihre eigenen Türme dann frei gestalten konnten. Daraus sollte aber keine Dauerausstellung werden, vielmehr war und ist der Gedanke, dass etwa alle 3 Jahre ein weiterer Künstler die Chance auf einen eigenen Turm bekommt und sich dann der Herausforderung stellt, die eigene 1,5 mal 1,5 Meter große und 8 Meter hohe kleine Galerie zu gestalten.

TIPP

Informationen zu den aktuellen Künstlern unter www.kunsttaarne.dk.

Mittlerweile gibt es auf ganz Langeland verteilt zwölf Kunsttürme, die von Künstlern gestaltet werden. Jedes Jahr im Mai werden in vier Türmen neue Ausstellungen eröffnet. Mit ein wenig Stolz sagt man, dass es sich bei den Kunsttürmen auf Langeland um die längste Kunstausstellung Dänemarks handelt. Die Türme sind ganzjährig geöffnet und tatsächlich lohnt es sich, die Ausstellungen in verschiedenen Jahreszeiten zu besuchen, da sich die Eindrücke erheblich verändern können – je nachdem, ob man an einem warmen Sommertag oder stürmischen Herbsttag den Kunstraum betrachtet. Die Kunsttour der besonderen Art zu den oft abseits liegenden Türmen von Lohals im Norden bis Bagenkop im Süden wird Kunstliebhaber und alle, die sich an Außergewöhnlichem erfreuen, faszinieren.

● Kunsttürme, verteilt auf ganz Langeland, beispielsweise Kunstturm Nr. 7, Skovsbovej, 5900 Rudkøbing

Prominente Küste

44 Unterwegs an Møns Klint

Wohl kaum ein Abschnitt der dänischen Küste taucht öfter in Literatur und Kunst auf als die Kreidefelsen von Møn. Und beeindruckend sind sie wirklich, diese wunderschönen weißen Felsen, gekrönt von hellgrünem Blätterdach, und am Fuße dieses einzigartige türkisfarbene Meer. Es ist auch ohne das Dazutun des Menschen schon ein Kunstwerk – ein prachtvolles Kunstwerk der Natur. Und wie es so mit manchen Meisterwerken ist, möchte man sich diese auch mal ganz genau aus der Nähe ansehen, sich an der Schönheit erfreuen, ein wenig in der glitzernden Aura abtauchen. Und genau das kann man hier an Møns Klint tun. Wanderwege führen durch den an die Steilküste angrenzenden Wald, immer mit Blick auf das funkelnde Blau des Meeres und das strahlende Weiß der Kreideküste oben an der Kante, oder natürlich unten am Strand entlang. Vorsichtig und vor allem schwindelfrei sollte man sein, wenn man hier an der Küste entlangwandert – besonders am 128 Meter hohen Dronningstolen, dem Stuhl der Königin. Die Felsenkante hatte hier einst die Form eines Stuhls, auf dem laut einer Sage die Königin des Kreidefelsenkönigs saß und über das Meer schaute, wenn ihr Mann auf Reisen war.

TIPP
Das Geocenter gibt Einblicke in die wilde Natur von Møns Klint.

Auf einer Strecke von 7 Kilometern erstreckt sich diese beeindruckende, sich stetig durch Abbrüche verändernde Steilküste. Mehrere Treppen führen die steilen Felsen hinab zum Strand. Die Maglevand-Treppe am Geocenter Møns Klint ist eine der beliebtesten Treppen, um an den Strand zu gelangen – und das vielleicht nicht wegen, sondern trotz ihrer stolzen 497 Stufen. Am Strand angekommen, findet man sich in einer traumhaften Kulisse wieder. Diese sollte man nutzen, um sich auf eine kleine Fossilienjagd aufzumachen. Und vor allem sollte man entspannen und Kräfte sammeln – der Aufstieg ist wahrlich kräftezehrend!

Møns Klint kann man aber auch gemütlicher erleben. Ein 300 Meter langer Boardwalk nahe der Maglevand-Treppe gewährt fantastische Blicke auf die Küste und genug Raum für das ganz eigene Kunstwerk von Møns Klint.

● Møns Klint, Parkplatz am GeoCenter Møns Klint, Stengårdsvej 8, 4791 Borre, Møn

Perfekte Romantik

45 Im Park Liselund auf Møn

Sie waren das Jetset-Paar des 18. Jahrhunderts der Insel Møn: Antoine und Anna Catharine Elisabeth de la Calmette, genannt Lise. 1783 kauften sie ein Stück Land im Osten der Insel – eine hügelige Umgebung direkt an der Buchen-Hochwaldkante von Møns Klint. Antoine benannte diese wilde Schönheit nach seiner Frau und so erschien Liselund auf der Landkarte Møns. Das Paar teilte ein leidenschaftliches Interesse an Landschaftsgestaltung, ganze 8 Jahre verbrachte es damit, das wildwüchsige Land in eine verwunschene Parklandschaft zu verwandeln. Gerade in jenen Jahren kamen Barockgärten mit ihren geraden Linien und strenger Symmetrie aus der Mode und nun waren verschlungene Wege, gewundene Kanäle und wild wachsende Bäume und Sträucher gewünscht.

TIPP

Djævlekløften, die Teufelsschlucht, führt durch den Wald direkt zum Strand hinunter.

Liselund zeigt die Ideale der Zeit in Vollendung. Der Park wurde angelegt mit künstlichen Seen, plätschernden Bachläufen und einer ganzen Reihe von kleineren Pavillons und Bauten. Künstliche Ruinen, eine kleine Kapelle mit Zwiebeltürmchen und ein Wasserfall zur Ostsee sind leider einem großen Erdrutsch Anfang des 20. Jahrhunderts zum Opfer gefallen. Heute kann der Besucher hier unter anderem eine Schweizer Hütte und einen Chinesischen Lustpavillon entdecken. Und auch das Lustschloss mit seinem Strohdach und kleinem Türmchen, das auch als kleinstes Schloss Dänemarks bezeichnet wird, wird mit seiner bemerkenswerten Ausschmückung dem Anspruch der romantischen Perfektion gerecht. Es wirkt bescheiden und steckt doch voller heimlicher Geschichten.

Ein Spaziergang durch den Park von Liselund ist nicht einfach nur ein Bummel durch eine pittoreske Landschaft mit ein paar ungewöhnlichen Gebäuden. Es ist ein Blick in die Welt eines Traumpaares der oberen Zehntausend, das sich hier eine romantisch-wilde Welt erschuf, die seine stürmische Liebe widerspiegelt. Sich immer wieder verändernde Ausblicke und Stimmungen voller Poesie, Denkmäler, die wie kleine Liebesbriefe im Park verstreut sind – die perfekte Komposition vollendeter Harmonie!

● Liselund, Langbjergvej 4, 4791 Borre, Møn

Eine Hymne auf Pizza

46 BogøBrød im Hafen von Bogø

Augen zu und sich eine Pizza vorstellen. Handgemacht und ein wenig unegal. Dünner Boden und wulstiger, knuspriger Rand. Der Duft von heißgebackenem Teig, warmer Tomatensoße und geschmolzenem Käse steigt einem in die Nase. Noch ist die Pizza zu heiß, um hineinzubeißen. Ungeduld steigt auf und im wahrsten Sinne des Wortes fließt einem das Wasser im Munde zusammen. Dann endlich: der erste Bissen. Geschmacksknospen explodieren, der Käse zieht Fäden, als wolle er sich an der Tomatensoße festhalten, und unwillkürlich schließt man die Augen – purer Genuss!

Wer ein Hohelied auf Pizza singen möchte, sollte sich BogøBrød direkt am Fähranleger im Hafen der kleinen Insel auf keinen Fall entgehen lassen. Hier wird noch alles von Hand gemacht und im Steinofen gebacken. Verwendet werden ausschließlich regionale und ökologische Rohwaren. Eine saisonale Pizzakarte ist da die logische Schlussfolgerung – und die kann sich zu jeder Jahreszeit sehen lassen. Kreationen wie Birne, Gorgonzola und Walnuss oder Grünkohl, Bresaola, Burrata und Pistazien heizen den Speichelfluss schon beim Lesen mächtig an. Eine Pizza mit Radicchio, Möhren, Kartoffeln von Bøgø und Pistazien ist eine Variante auf der Winterkarte, die es ebenfalls so nur hier gibt.

TIPP
Direkt mit der historischen Fähre einen Ausflug nach Stubbekøbing auf Falster machen.

BogoBrød kann aber nicht nur Pizza – hier bekommt man auch wahnsinnig leckeres Brot – Baguettestangen, Schwarzbrot aus Sauerteig und das beliebte Bogø Brød. Eine kleine, aber feine Auswahl an Brötchen fehlt natürlich auch nicht und an den Zimtschnecken und -knoten kommt niemand vorbei, der das Café betritt und in den wohlig verführerischen Duft dieses Gebäcks eintaucht.

Morgens schaut man hier bei Brot und Kaffee der Fähre zu, die zwischen Bogø und Falster stündlich pendelt. Abends gibt es manchmal Livemusik. Und dann geht die Sonne unter, taucht den Himmel in Orange und Rot und die Masten der Segelboote im kleinen Hafen verlieren immer mehr ihre Konturen. Auch die Pizza ist verputzt. Und wer eine Hymne auf Pizza anstimmen möchte, lernt bei BogøBrød die Noten.

● BogøBrød, Grønsundvej 595, 4793 Bogø By, Bogø, Tel. +45 40 31 35 11

Tratsch mit Folgen

47

Die Fanefjord Kirke

Zwei tratschende Frauen im Gottesdienst und eine Teufelsfigur, die die beiden belauscht und sich dabei eifrig Notizen macht. Gleich daneben eine Abbildung der himmlischen Seelenwaage, mit deren Hilfe gute und schlechte Taten der Menschen gegeneinander abgewägt werden – klar, wer da ein komplettes Sündenregister vorzulegen weiß. Keine schöne Vorstellung, vor allem, wenn man vielleicht selbst schonmal seinem Banknachbarn in der Kirche etwas zugetuschelt hat, das nicht für alle Ohren bestimmt war. Dieses Bild ist nur eines der beeindruckenden Bilderwelt der Fanefjord Kirke, die imposant auf einer Anhöhe am Fuße des namensgebenden Fjordes thront. Wer die Kirche betritt, wird sprachlos sein. Ein wahres Bildermeer erwartet hier den Besucher, in das er abtauchen kann, aber nicht zwangsläufig die Orientierung verlieren muss. In der Vorhalle der Kirche liegen nämlich Übersichtstafeln bereit, die ausgeliehen werden können und dem staunenden Besucher helfen, sich zurechtzufinden.

TIPP

Nicht den nahe gelegenen verträumten Hårbølle Havn verpassen!

Anders als heute fanden sich die Gottesdienstbesucher des Mittelalters in der Bildersprache der um 1500 entstandenen Fresken sehr gut zurecht. Die Bilder sollten veranschaulichen, was meist auf Latein gepredigt wurde – viele der Gotteshausbesucher waren nämlich weder des Lesens mächtig, noch verstanden sie die Fremdsprache. Auf jeden Fall war Tratschen, und dann noch während des Gottesdienstes, schon vor Jahrhunderten nicht gern gesehen. Diese Botschaft hat die Jahrhunderte überdauert und Reformation sowie Restaurierungsarbeiten Anfang des neuen Jahrtausends gut überstanden. Was für ein Glück für heutige Besucher, die hier staunend in der Kirche stehen, die Augen nach oben gerichtet haben und darüber grübeln, was genau sie am Gewölbe dieser fantastischen Kirche sehen. Und bei ganz genauer Betrachtung entdeckt man vielleicht sogar eines der drei Namenszeichen, die in der Fanefjord Kirke zu finden sind – Signaturen der Künstler und Handwerker, ein „Schaut her! Ich habe das geschaffen!" aus längst vergangener Zeit.

● Fanefjord Kirke, Fanefjord Kirkevej 51, 4792 Askeby, Møn

Whisky, Schnaps & Senf

48 Noorbohandelen auf Nyord

Manch einer behauptet, dass die gut 30 Einwohner der kleinen Insel Nyord so unbeschwert und lebensfroh seien, läge nicht an der Ruhe und Abgeschiedenheit, der Natur oder gar dem Autoverbot auf der Insel – nein, es läge auf jeden Fall am Whisky. Den kann man hier nämlich besonders gut kaufen.

Zur 5 Quadratkilometer großen Insel nördlich von Møn gelangt man über einen einspurigen Damm und trifft dort als Erstes auf ein Naturreservat. Eine große Wiesenlandschaft, die idealer Lebensraum für eine reiche Pflanzenwelt und vor allem zahlreiche Vogelarten ist. Von Beobachtungstürmen aus kann man sich selbst davon überzeugen – zumindest von den Vögeln. Und ganz nebenbei ist da auch noch die alte Lotsenhütte Møllestangen, die sich heute rühmt, Dänemarks kleinstes Museum zu sein. Nach dem Naturschutzgebiet endet die Fahrt, ist man denn mit dem Auto nach Nyord gekommen, am Parkplatz vor dem gleichnamigen Ort. Autos sind hier verboten, wer weiterwill, muss dies zu Fuß tun. Und das sollte man auf alle Fälle. Keine 100 Meter vom Parkplatz entfernt hat man den Noorbohandel schon erreicht. 2007 wurde der Laden als erstes Fachgeschäft für Spirituosen in Dänemark eröffnet, in dem die flüssigen Kostbarkeiten frisch abgezapft und somit auch in kleinen Mengen verkauft werden. Es gibt Whisky und Rum, Gin und Schnaps. Seit Eröffnung hat der Laden jedoch Sortiment wie auch Konzept erweitert. Nun gibt es hier auch ein kleines Café, in dem man ausruhen und sich stärken kann. Schließlich hat man ja schon einiges an Fußmarsch hinter sich. Es gibt neben Olivenölen und Essigen auch leckere selbst hergestellte Liköre und Bitterschnäpse. Und die lokale Spezialität, den Nyord-Senf, den bekommt man hier natürlich auch.

Nachdem man sich durch das Sortiment probiert und die Einkaufstaschen gefüllt hat, empfiehlt sich noch ein kleiner Rundgang durch das Dorf, das mit seiner achteckigen kleinen Kirche und dem alten Kaufmannsladen fast ein wenig aus der Zeit gefallen wirkt. Aber schön! Schön ist es hier!

TIPP

Nyord ist einer der besten Plätze, um echten Dark Sky zu erleben!

● Noorbohandelen, Nyord Bygade 1, 4780 Stege, Nyord, www.noorbohandelen.dk

NOORBO
HANDELEN
INDEPENDENT
BOTTLING
SINCE 2007

Modernes Stonehenge

49

Die Dodekalitten auf Lolland

„Wenn Sie sich in die Mitte des Kreises stellen, hören Sie alles, worüber die Leute flüstern." Das sagt Bildhauer Thomas Kadziola über sein einzigartiges Kunstwerk, die Dodekalitten, sein „Stonehenge" auf Lolland. Immer noch kann man Zeuge der Entstehung dieses außergewöhnlichen Projektes werden, erst im Jahre 2025 soll es laut Kadziola fertiggestellt sein. Vom kleinen Hafen Kragenæs gelangt man zu Fuß über einen Feldweg zu den in Kreisform errichteten, 7 bis 9 Meter hohen Figuren, deren obere 2 Meter wie Köpfe herausgearbeitet wurden. Ein wirklich imposanter Anblick!

Die Dodekalitten – vom griechischen dodeka lithos, zwölf Steine abgeleitet – sind nur wenige hundert Meter von der Küste auf einer Anhöhe platziert. Schon der Weg dorthin ist ein Erlebnis und beflügelt die Fantasie. So erging es wohl auch einem der Initiatoren des Land-Art-Projektes, der einen ganzen Sagenkreis um das imaginäre Volk der Loler, die einst die Insel Lolland besiedelt hatten, erschuf. Schon die Loler hatten der Sage nach einen Steinkreis mit zwölf Monumenten errichtet, jedes einzelne versehen mit charakteristischen Zügen von Häuptlingen, Schamanen oder besonderen Sängern. Auch bei ihnen waren alle Gesichter gen Zentrum des Kreises gerichtet, denn sie beratschlagten oder sangen gemeinsam, was die einfachen Stammesanhänger sowohl erfreuen als auch erschaudern lassen konnte.

TIPP

Ab Kragenæs auf Inseltour nach Femø und Fejø.

Und apropos erschaudern: So ein bisschen Gänsehaut bekommt man als Besucher der Dodekalitten noch heute. Denn nicht nur dieses fantastische Setting der Monumente inmitten einer Landschaft, die von historischen Zeugnissen nur so strotzt, sondern auch der Blick auf die dänische Inselwelt lässt einem wohlige Schauer über den Rücken laufen. Die Klanginstallation, die eigens für die Dodekalitten geschaffen wurde und von Computerprogrammen an den Tagesablauf angepasst kontinuierlich neu erstellt wird, macht diesen Ort zu einem Gesamtkunstwerk aus Skulptur, Musik und Landschaft. Mit Garantie für staunendes Wohlgefühl.

● Dodekalitten, Kragenæsvej 62, 4943 Lolland

Charme & Geschichte

50 Unterwegs in Maribo

Wen einzigartige Natur, gepaart mit Kleinstadt-Charme und Geschichte, glücklich macht, der wird in Maribo fündig werden. Inmitten einer malerischen Seenlandschaft liegt das kleine Städtchen mit schmalen Gassen, von Stockrosen gesäumten Hauswänden und der prächtigen Domkirche.

Die Domkirche wie auch die Stadt gehen zurück auf ein Kloster des Birgittenordens aus dem Jahr 1416. An der Stelle des heutigen Maribo befand sich bei Errichtung des Ordensbaus nur ein kleines Dorf namens Skimminge und erst mit dem neu errichteten Kloster entwickelte sich hier eine Stadt, die auf Betreiben des Klosterordens umbenannt wurde in Mari(e)-bo, also Wohnstätte der (heiligen) Maria. Kloster wie auch Stadt florierten bis zur Reformation, nach der das Kloster unaufhaltsam verfiel. Nach Zeiten als Alterssitz für ältere Damen – eine der Bewohnerinnen war die Tochter König Christians IV., Leonora Christina Ulfeldt, die nach fast 22 Jahren Gefangenschaft im Blauen Turm in Kopenhagen ihre letzten Jahre in Maribo verbrachte –, mehreren Stadtbränden und Ausbrüchen der Pest wurde 1621 begonnen, das Kloster abzureißen. Die Kirche blieb erhalten und wurde 1924 Domkirche. Geradezu majestätisch thront sie am Fuße des Søndersøs, einem der vier Seen, die dem Naturpark Maribosøerne seine Anziehungskraft verleihen.

TIPP
Auf den Spuren von Kaj Munk wandeln, der hier aufwuchs.

Maribo ist idealer Ausgangspunkt für eine Bootstour, ob mit dem Kanu, Ruderboot oder dem bequemen Ausflugsboot Anemonen, das direkt am Anleger neben dem Dom startet. Ein sehr gut angelegtes Wegenetz führt um die Seen, sodass auch zu Fuß oder mit dem Rad diese herrliche Natur erkundet werden kann. Die idyllische Seenlandschaft mit ihren vielen kleinen Inseln ist Heimat zahlreicher Vogelarten, unter anderem können hier Fisch- und auch Seeadler bewundert werden.

Nach einem Ausflug in die fabelhafte Seenlandschaft und der Besichtigung der Domkirche bietet es sich an, noch einmal durch die alten Gassen der Stadt zu schlendern, hier oder da einzukehren und die Erlebnisse des Tages in Ruhe auf sich wirken zu lassen.

● 4930 Maribo, Lolland

A room with a view

51 Im Fuglsang-Kunstmuseum

Heißer Kaffee und ein kleines Stück einer süß-klebrigen Leckerei – so startet ein perfekter Besuch im Fuglsang-Kunstmuseum. Die Akkus sind aufgeladen, der Geist wach. Ein Besuch im Kunstmuseum braucht Energie, machen wir uns nichts vor. Das Betrachten großer Gemälde und kleiner Malereien, Zeichnungen und Skulpturen, die Begegnung mit bisher völlig unbekannten Namen und skurrilen Titeln oder ein Wiedersehen mit Altbekanntem erfordert aufmerksame Sinne. Und die braucht es auch hier, wenn einem nichts entgehen soll.

Es beginnt eigentlich schon auf dem Weg ins Museum – das moderne und mittlerweile preisgekrönte, vom britischen Architekten Tony Fretton errichtete Museumsgebäude fügt sich perfekt in die Landschaft zwischen Herrenhaus und Naturschutzgebiet ein und nimmt Ästhetik und Pulsschlag dieses Ortes in sich auf. Das Fuglsang-Kunstmuseum ist, wenngleich das moderne Gebäude etwas anderes vermuten ließe, eines der ältesten Kunstmuseen des Landes. Gezeigt werden in wechselnden Ausstellungen die wichtigsten Künstler und Kunstströmungen der dänischen Kunstgeschichte von 1780 bis heute.

Die Ausstellungssäle im Inneren sind von einem zentralen Korridor aus zugänglich, sie variieren in Größe und Ausstattung. Am Ende des Korridors befindet sich ein Aussichtsraum, von dem aus man über die weiten Wiesen auf das Naturschutzgebiet Skejten schauen kann. Drei einzelne Drehsessel stehen vor dem großen Panoramafenster – Besucher können sich setzen und innehalten. Vielleicht fragt sich der ein oder andere, ob er auf ein Gemälde schaut oder aus dem Fenster blickt. Der Blick auf Skejten am Guldborgsund könnte auch ein überdimensioniertes Landschaftsbild sein – und tatsächlich haben sich nicht wenige Künstler seit Ende des 19. Jahrhunderts von dieser unverwechselbaren Landschaft inspirieren lassen. Faszinierend ist, dass der Blick durch das Fenster, das inszeniert ist wie ein Gemälde in der Ausstellung, den Blickwinkel verändert, die Wahrnehmung schärft und plötzlich die Natur zu Kunst wird.

TIPP

Kunst macht durstig? In der Krenkerup Bryggeri kann da geholfen werden!

● Fuglsang-Kunstmuseum, Nystedvej 71, 4891 Guldborgsund, Lolland, Tel. +45 54 78 14 14, www.fuglsangkunstmuseum.dk

Stadt, die es nicht gibt

52

In Sundkøbing auf Falster

Kann man eine Stadt besuchen, die es nicht gibt? Sehr wohl! Denn besucht man das Middelaldercentret in Nykøbing auf Falster, betritt man die fiktive Stadt Sundkøbing. Und nicht nur das! Zugleich begibt man sich nämlich auf eine Zeitreise in das Jahr 1409. In Sundkøbing trifft man als Besucher aus der Zukunft auf Handwerker, Händler, Bürger, Soldaten und Ritter. Häuser dürfen betreten werden, Handwerkern kann über die Schulter geschaut werden.

Die Bewohner Sundkøbings sind sehr offen, erzählen von ihrem Leben im Mittelalter und freuen sich über Fragen, die die Fremden ihnen stellen. Die Moderne hat hier keinen Einzug gehalten – Mobiltelefone, QR-Codes und Beschilderungen sind Fehlanzeige. Kommunikation führt hier zum Erfolg und das macht riesigen Spaß – man muss sich nur darauf einlassen. Vor allem Kinder kennen da kaum Berührungsängste und stellen einfach die fantastischsten Fragen. Egal ob bei einer Handwerksvorführung, beim Bogenschießen, bei der Begegnung mit dem Gänsejungen oder bei den Ritterturnieren. Letztere sind echte Highlights und neben der Vorführung der nachgebauten Blide die stärksten Publikumsmagneten. Um das mittelalterliche Katapult in Gang zu setzen, bedarf es mehrerer mehr oder minder freiwilliger Helfer – wer sich also diese Erfahrung nicht entgehen lassen möchte, sollte sich möglichst in der ersten Reihe platzieren.

TIPP

Im Technologiepark wurden Erfindungen des Mittelalters nachgebaut und können ausprobiert werden.

Wer es etwas ruhiger mag, hat auch die Möglichkeit zu einem gemächlichen Rundgang, auf dem man das Leben in Sundkøbing mit allen Sinnen erleben kann. Die Geräuschkulisse, ganz unterschiedlich zu dem gewohnten Pegel; die Wege, staubig bei Hitze und matschig bei Regen, aufgewirbelt vom Pferd des stolzen Ritters, der nach gewonnenem Kampf vorbeireitet; Duftschwaden von Essen, das auf Feuer vor sich hin köchelt, von Vieh oder aus den Häusern der Handwerker – und zu guter Letzt: die Abwesenheit von Alltagsstress. Vielleicht kommt der ein oder andere sogar auf die Idee, hierbleiben zu wollen. Im Jahr 1409. In der fiktiven Stadt Sundkøbing.

● Middelaldercentret, Indgang, Ved Hamborgskoven 2-4, 4800 Nykøbing, Falster, Tel. +45 54 86 19 34, www.middelaldercentret.dk

Die Traube des Nordens

53

Frederiksdal auf Lolland

Wein, als würde die Frucht direkt vom Baum in die Flasche abgefüllt werden. Wenn im Mai die Kirschbäume auf Frederiksdal in prächtiger weißer Blüte stehen, steigt die Vorfreude bei Harald Krabbe, Morten Brink Iwersen und Jan Friis Mikkelsen, den drei Männern, die 2006 hier auf Gut Frederiksdal ein Kirschabenteuer starteten, das einzigartig auf der Welt ist. Zwar gibt es in Dänemark eine lange Tradition der Kirschlikörherstellung. Was hier an der südwestlichen Spitze der Insel Lolland jedoch vor einigen Jahren begann, war eine wahre Weinrevolution.

Grundlage der Produktion auf Frederiksdal ist die Stevnskirsche, die auch als Traube des Nordens bezeichnet wird und weltweit bekannt ist für ihre Qualität, Intensität und ihren vielschichtigen Geschmack. Nirgendwo sonst hat die kleine dunkle Kirsche so optimale Wachstumsbedingungen wie an der Küste Süddänemarks. Es ist trocken, warm und sonnig, der Boden nährstoffreich. Die langen hellen Tage sorgen für den Zucker-, die kühlen Nächte für den perfekten Säuregehalt. Die Bäume auf den fünf Plantagen von Frederiksdal stehen mit viel Abstand zueinander. So wird sichergestellt, dass jeder einzelne Baum genug Luft und Licht bekommt – verstärkt durch die Lage nahe dem Meer, das die Sonnenstrahlen reflektiert. Ein Paradies für Kirschbäume!

Hier wird Wein aus Kirschen hergestellt nach den gleichen Verfahren, die seit Jahrhunderten in der Weinproduktion genutzt werden. Man setzt auf Spontanvergärung und Lagerung in Eichenfässern und interpretiert somit Kirschwein völlig neu. Niveau und Dimension des Weins sind einzigartig und noch nie dagewesen. „Frederiksdal ist wie ein alter Baum mit tiefen Wurzeln und jeder Menge grüner Triebe, die hoffentlich bis weit in die Zukunft reichen", so sagt man hier und setzt trotz schon vorhandener Vorreiterrolle weiterhin auf Innovation. Und auf Transparenz. Auf Führungen und bei Weinproben wird Verständnis und die Leidenschaft für Wein vermittelt – und der Kirschfunke springt bei jedem über. Versprochen!

TIPP

Der nahe gelegene Naturpark Nakskov Fjord ist unbedingt einen Besuch wert!

● Frederiksdal, Frederiksdalvej 30, 4912 Harpelunde, Lolland
www.frederiksdal.com

FREDERIKSDAL
LIKØR
AF KIRSEBÆR

Malerische Nostalgie

54

Das Hafenstädtchen Nysted im Süden von Lolland

Geradezu malerisch liegt das kleine Städtchen Nysted an der Südküste Lollands. Vom Hafen aus, der lange Zeit einziger Hafen der Südküste der Insel war und große Bedeutung für Handel und Verkehr hatte, schaut man hinüber zum eindrucksvollen Aalholm Slot. Das Schloss, das aus dem 13. Jahrhundert stammt und zu den ältesten bewohnten Schlössern der Welt zählt, war lange als Alterssitz für Königswitwen gedacht, die in der Regel allerdings ein Schloss in Nykøbing bevorzugten. Nysted profitierte dennoch von Schloss und Hafen und auch ein nahe gelegenes Kloster ließ die Stadt erblühen.

Viel dieser ehemaligen Blüte spürt man hier noch heute, schlendert man vom Hafen aus durch die alten Gassen. Das charmante Städtchen punktet mit geradezu nostalgischer Atmosphäre. Was gibt es Schöneres als eine ausgedehnte Tour durch eine pittoreske Kleinstadt, womöglich bei strahlendem Sonnenschein und mit einem köstlichen Eis in der Hand?

TIPP

Die sehenswerte Olstrup Kirke liegt nur wenige Kilometer entfernt.

Doch auch wer eher Natur und Meer auf seiner Liste stehen hat, wird von Nysted nicht enttäuscht sein. Der Strand der Stadt, der in der Nähe einer alten Schanzenanlage liegt und auch Skansen genannt wird, wird eingerahmt von einer kleinen parkähnlichen Grünanlage mit Picknickplätzen und Volleyballfeld. Hier sind auch ausreichend Parkplätze vorhanden, sodass man mühelos Decken und einen gut gefüllten Picknickkorb mitnehmen kann. Unabhängig davon, ob man gerne direkt am Strand in der Sonne liegen möchte oder ein schattiges Plätzchen unter den Bäumen des kleinen Parks bevorzugt, immer wird einen das Hellblau der Ostsee in seinen Bann ziehen. Was für ein grandioser Blick!

Aber nicht nur das glitzernde Nass zieht Blicke auf sich. Am Horizont erblickt man die Offshore-Windkraftanlagen der Windparks Rødsand I und Rødsand II, die bis zu 110 Meter in die Höhe ragen und fast 350.000 Haushalte CO^2-frei mit Strom versorgen. Nysted ist also trotz aller historischen Beschaulichkeit zukunftsorientiert und im neuen Jahrtausend angekommen – ein beglückendes Gefühl, hier zu sein!

4880 Nysted, Lolland

Gläserne Kunst

55 Zu Besuch im Holmegaard Værk

Wer dänisches Design sagt, muss auch Holmegaard sagen. Diese dänische Designikone der Glasherstellung und einer der bekanntesten Namen im Bereich des skandinavischen Kunsthandwerks ist das Erbe einer Frau, die ihrer Zeit voraus war. Gräfin Henriette Danneskjold-Samsøe verwirklichte den Traum ihres verstorbenen Mannes, ein Glaswerk am Moor von Holmegaard zu errichten, und machte daraus ein wahres Designuniversum, das bis heute nichts an Glanz, Ästhetik und vor allem Beliebtheit eingebüßt hat. Die einzigartigen Stücke der museumseigenen Glaswerkstatt und zahlreiche Design- und Kunstobjekte ausgewählter Designer und Künstler lassen jedes Herz, das für schöne Dinge schlägt, einen Hüpfer machen.

Wer dänisches Design liebt, sich in Tischdekoration verlieren kann und an besonderen Dingen Freude hat, ist im Designshop des Holmegaard Værks im Süden der Insel Seeland genau richtig. Elegante Holmegaard-Gläser, klassische Schönheiten ganz schlicht oder mit modernem Touch, Kerzenleuchter in allen Formen und Farben, Vasen von Kähler, die in keinem dänischen Haushalt fehlen, das beliebte Lyngby-Porzellan, Schalen, Teller, Becher von Bornholms Keramikfabrik, Dekofiguren und Haarspangen aus Glas – die Liste ist lang und lädt dazu ein, einzutauchen in die traditionsreiche dänische Welt des Gebrauchsdesigns.

TIPP

Das Glasdorf, das die Hütte umgibt, bestand ursprünglich aus den Unterkünften der Glasmacher.

Aber natürlich gibt es hier noch viel mehr zu erleben – im Museum für Glas, Keramik und Design wird nicht nur ein Stück dänischer Geschichte anhand von 200 Jahren Glaskunst erzählt, hier verwandeln sich auch glühende Glasklumpen in Sektgläser, elegante Schalen und kunstvolle Vasen. In der modernen Werkstatt können Besucher den Künstlern über die Schulter schauen. Die Ausstellung zeigt mehr als 40.000 einzigartige Stücke aus Glas, die im Laufe der Zeit hier im Glaswerk Holmegaard produziert worden sind. Die Objekte füllen Regale auf einer Fläche von 7 Metern Höhe und 40 Metern Breite – die größte Ausstellung ihrer Art in Skandinavien.

Holmegaard Værk, Glasværksvej 55, 4684 Holmegaard, Seeland
www.museerne.dk/holmegaard-vaerk

FOR SANS OG SAMLING
WORKS OF WONDER

Architektur im Wald

56

Der Skovtårn auf Seeland

Der Skovtårn ist ein architektonisches Meisterwerk. Bereits vor der Eröffnung wurde der Waldturm, wie er übersetzt heißt, mit dem Iconic Award für Visionary Architecture ausgezeichnet und landete 2019 auf der Liste der Worlds *100 Greatest Places* des Time Magazine. Dieser Ort hat etwas Magisches.

Schon der Weg zum Turm ist entspannend. Durch einen herrlichen Wald führen zwei neu angelegte Bohlenwege. Die grüne Ruhe wird nur unterbrochen, wenn der Wald hier und da Blicke auf den Hochseilpark freigibt und das Kichern der Kletterer die Aufmerksamkeit nach oben lenkt. Die gespannte Neugier auf den Turm bewirkt ein kribbliges Gefühl im Magen. Und dann endlich: Wirklich imposant ist er, der Skovtårn – 45 Meter ragt er in die Höhe, die überwunden werden wollen. Über eine 650 Meter lange Spiralrampe gelangt man völlig mühelos nach oben. Ein großartiges Gefühl, inmitten der Bäume dort hochzugehen – kleine Kinder geben ihrem Drang nach, die Rampe entlangzulaufen, laut vor Freude juchzend. Und in den Gesichtern der Erwachsenen sieht man sehr deutlich, dass sie genau dasselbe fühlen – eine Form der Erleichterung, als würde jeder Meter, den es nach oben geht, im wahrsten Sinne des Wortes beflügeln. Oben auf der Aussichtsplattform angekommen, über den Baumwipfeln und immerhin auf 135 Metern über dem Meeresspiegel – und somit auf dem höchsten Punkt Südseelands –, wird man mit einem großartigen Blick belohnt. Hier sollte man sich Zeit lassen. Von hier kann man den Blick schweifen lassen über die herrliche Landschaft Südseelands. Und mit etwas Glück wird man auch die Kopenhagener Skyline sowie die Øresundbrücke und den Turning Torso, das Wahrzeichen der schwedischen Stadt Malmö, erkennen. Das Geländer um die Plattform ist ziemlich hoch, sodass auch Höhenängstliche die Aussicht genießen können. Und kann man sich von dieser fantastischen Aussicht losreißen, geht es wieder entspannt hinunter Richtung Baumwipfel und weiter, bis man festen Boden unter den Füßen hat. Was für ein Höhenflug!

TIPP

Der Turm befindet sich auf dem Gelände des Camp Adventure, dem größten Hochseilpark Dänemarks.

● Skovtårnet, Skovtårnsvej 1, 4683 Rønnede, Seeland, www.campadventure.dk

Durchs Blütenmeer

57 Durch den Park von Gavnø Slot

Es ist das schönste Rokokoschloss Dänemarks – so heißt es zumindest und nähert man sich Gavnø Slot mit seiner gelben Fassade, dann glaubt man es auch sofort. Einst stand hier eine Burg und erst Mitte des 18. Jahrhunderts wurde Gavnø zu dem heutigen Rokokoschloss. Kunstliebhaber kommen voll auf ihre Kosten, immerhin beherbergt Gavnø die größte private Gemäldesammlung Nordeuropas. Außerdem kann man in dem fast komplett zugänglichen Inneren des Schlosses feinstes Mobiliar bestaunen.

Einzigartig ist auch der Schlosspark: Dänemarks größtes Tulpenfestival im Mai – hier wird nicht nur von den Besuchern die Tulpe des Jahres gewählt, am sogenannten Zwiebeltag können Besucher Tulpenzwiebeln ausgraben und mit nach Hause in den eigenen Garten nehmen. Im Sommer folgt dann ein wahrer Ozean voller Lilien. Ein Spaziergang durch den Park kommt einer kleinen Duftreise gleich, umrahmt von den wunderschönen Nuancen der besonderen Blume. Ebenfalls in den Sommermonaten kommt der romantische Rosengarten voll zur Geltung, der in der nördlichen Ecke des Schlossparks liegt. Rosen mit so klangvollen Namen wie *HC Andersen, Isabella Rosselini* oder *Twice in a blue moon* machen Lust, dieses Blumenuniversum zu erkunden. Apropos Universum: Da bietet Gavnø auch noch eines der ganz besonderen Art. Im Schmetterlingshaus kann man unter anderem dem Blauen Morphofalter begegnen, der neben seiner wunderschönen blauen Farbe mit seiner Flügelspannweite von bis zu 120 Millimetern eine beachtliche Größe hat. In der Mitte des Parks stößt man auf das kleine Fachwerkhaus Skjærsommer, das 1846 als Spielhaus für die kleine Baronesse Julie Reedtz-Thott errichtet wurde. Sie liebte es, im Park zu spielen, und verbrachte viele Stunden im Spielhaus. Oft wurden hier kleine Teegesellschaften abgehalten, zu denen Pfannkuchen und Waffeln gereicht wurden. Heute ist im Haus ein Teil der privaten Puppensammlung untergebracht, die seit Generationen der Familie gehört und Besucher in Erinnerungen an eigene Kindertage schwelgen lässt.

TIPP

Wer hoch hinaus möchte, kann das im Hochseilgarten Gavnø GoFly.

● Gavnø Slot, Gavnø, 4700 Næstved, Seeland, www.gavnoe.dk

Smørrebrød & Glück

58

Im Rødvig Kro & Badehotel auf Seeland

Rødvig – das klingt für viele Dänemark-Liebhaber wie pure Musik in den Ohren. Dieses kleine Städtchen beeindruckt vor allem mit seinem idyllischen Hafen, der spannenden Stadtgeschichte und besonders mit der Natur. Wanderrouten führen von Rødvig aus direkt auf das Stevns Klint. Die schroffe Steilküste, die sich bis zu 41 Meter in die Höhe erhebt, steht der bekannteren großen Schwester auf der Insel Møn in nichts nach und zählt seit 2014 zum UNESCO-Weltkulturerbe. Auch die Stadtgeschichte ist geprägt von der Küste und dem direkten Zugang zur Ostsee. In dem großen weißen Feuersteinofen, der unmittelbar am Meer steht und heute als Wahrzeichen der Stadt gilt, wurden Ende des 19. Jahrhunderts Glasuren aus Feuersteinmehl, unter anderem für Holmegaard, hergestellt. Den Hafen mit seinen Jachten und Fischkuttern, Boots- und Schiffsbauern samt kleiner Werft umgibt eine ganz besondere Atmosphäre, die, war man einmal hier, noch lange nachhallt.

TIPP
Vom Badesteg direkt gegenüber gemütlich Richtung Hafen bummeln.

Und dann ist da noch das Rødvig Kro & Badehotel, das 2022 bereits zum zweiten Mal als bestes Badehotel in Dänemark ausgezeichnet wurde. Sechzehn individuell eingerichtete Doppelzimmer in bestem Badehotel-Charme laden zu einem längeren Aufenthalt ein und dazu, einen Blick in vergangene Tage zu richten. Aber auch ohne eine Nacht hier zu verbringen, lohnt es sich, einzukehren. Ob in den gemütlichen alten Krostuben mit Blick auf das Wasser, dem hellen Gartensaal, im blumengeschmückten Innenhof oder vorm Kamin im Gartenzimmer – Kaffee und hausgemachter Kuchen schmecken hier ganz wunderbar. Oder aber man nimmt sich die Zeit und probiert sich durch die Smørrebrød-Karte, die von Lachstartar mit Schnittlauchmayo, Topinamburchips und Kohlrabi bis zu konfierter Schweinehaxe mit Maispüree, knusprigem Kohl, Apfel und salzigen Mandeln Kreationen auf das Brot zaubert, von denen man nicht zu träumen gewagt hat. Also einkehren, die müden Füße ausruhen, den Anblick des Meeres genießen, den Bauch füllen und die Seele baumeln lassen. So geht Glück.

● Rødvig Kro & Badehotel, Østerøvej 8, 4673 Rødvig, Stevns, Seeland, Tel. +45 56 50 60 98, www.roedvigkro.dk

Blåtands Macht

59 Die Wikingerburg Trelleborg bei Slagelse

Wikinger sind in. In zahlreichen Filmen, Büchern und Serien werden Geschichten über Wikinger erzählt, die beim Publikum oft großen Anklang finden, ist doch die Welt, die darin gezeichnet wird, so aufregend, wild und manchmal blutrünstig. Aber waren die Wikinger wirklich so, wie Netflix & Co. es uns weismachen wollen? Wie wäre es, wenn man die Welt der Wikinger mal hautnah erleben könnte? In Trelleborg nahe der Stadt Slagelse auf Seeland können Besucher genau das tun. Sich kleiden wie ein Wikinger, Kettenhemden, Schilde und Schwerter ausprobieren. Lernen, mit einem Langbogen zu schießen. Schmuck herstellen oder Brot backen.

Trelleborg ist eine der Ringburgen, die König Harald Blåtand im Zuge seiner Bemühungen, ganz Dänemark zu einen, um das Jahr 980 anlegen ließ. Sie ist bei Weitem die am besten erhaltene und einzige, die eine befestigte Vorburg besitzt. Da Bauwerke der Nordleute hauptsächlich aus Holz, Grassoden und Feldsteinen errichtet wurden, gibt es keine Originalbauten mehr. Alles, was heute auf dem historischen Grund zu sehen ist, sind Rekonstruktionen. Aber deshalb sind sie nicht weniger spektakulär. Ein Langhaus, auch wenn es ein Nachbau ist, beeindruckt einfach schon ob seiner puren Größe von ungefähr 30 Metern Länge und knapp 8 Metern Breite.

Und die Faszination für diese Dimensionen geht weiter. Ganze 16 dieser Bauten standen in der Hauptburg – geschützt von einem perfekt kreisförmigen, 5 Meter hohen Erdwall mit einem Durchmesser von etwa 136 Metern. Ihre Umrisse sind heute mit Steinen im Boden markiert, wodurch man einen guten Eindruck davon bekommt, wie es hier einst ausgesehen haben mag. Insgesamt hat die Trelleborg eine Fläche von 6 Hektar, was ungefähr zwölf Fußballfeldern entspricht. Wie viele Menschen hier gelebt haben, lässt sich nicht mit endgültiger Sicherheit bestimmen, Schätzungen zufolge waren es 500 bis 800. Ein Besuch der Trelleborg verändert die Sicht auf Wikinger nachhaltig, unbedingt ausprobieren!

● Vikingeborgen Trelleborg, Trelleborg Alle 4, 4200 Slagelse, Seeland

Mehr als nur Shopping

60 Veras Verden bei Haslev

Auf Trends verzichten und stattdessen mit dem Herzen wählen – willkommen in Veras Welt! Auf dem Hesede Hovedgård befindet sich ein wahres Shopping-Juwel: Veras Verden. Auf einer Fläche von gut 400 Quadratmetern können Besucher sich in Design, Delikatessen, Kunst und Interieur verlieben. Und das werden sie! Denn alle Dinge, die man hier im Geschäft bestaunen kann, sind bereits Objekte der Begierde geworden – und zwar die des Besitzers dieser kleinen, feinen Shoppingwelt. Produkte, die es in Veras Verden geschafft haben, wurden mit viel Liebe zum Detail ausgesucht – in der Region, in Dänemark und auf Reisen durch die ganze Welt.

Qualität, hervorragende Handwerkskunst, gute Ideen, Leidenschaft und Nachhaltigkeit sind bei der Auswahl ausschlaggebend. Küchen- und Kochzubehör, das das Herz eines jeden (Hobby-)kochs höherschlagen lassen wird, Geschirr, Kleinmöbel und Dekorationsartikel wie die bezaubernden Schneekugeln und exquisiten Kunstdrucke, kulinarische Köstlichkeiten, Hautpflege, Schmuck, Spielzeug – die Liste der Produkte ist lang. Allen jedoch gemeinsam ist der Wunsch, dass sie mit dem Herzen ausgewählt werden. „Schließlich sollten die Menschen nur Dinge besitzen, die sie wirklich glücklich machen. Wir glauben auch, dass gut gewählte Dinge länger im Leben der Menschen bleiben. Das ist gut für den Planeten, den wir an unsere Kinder weitergeben müssen", so Besitzer Nicolaj. Konsequent wird diese Idee in der Welt, die nach der Tochter des Paares benannt wurde, weitergeführt.

TIPP

Ein Spaziergang durch den Park des nahe gelegenen Gisselfeldt-Klosters lohnt sich.

Ein kleines Einkaufsuniversum, das für seine Grundwerte Nachhaltigkeit, gute Handwerkskunst und Vielfalt steht und in dem die guten Beziehungen zu Designern, Lieferanten und vor allem auch zu seinen Kunden von größter Bedeutung sind. Veras Verden ist ein Erlebnis – hier stöbert man nicht einfach, lässt sich nicht nur von vielleicht neuen, aber vor allem schönen Dingen überraschen oder kauft bloß ein paar Dinge. Hier wählt man aus mit Bedacht, mit dem Herzen – einfach, weil es glücklich macht.

● Veras Verden, Hesede Hovedård 3, 4690 Haslev, Seeland, Tel. +45 61 14 05 65
www.verasverden.dk

YOU ARE doing GREAT
LOVE
OMG
Feminist

Liebe auf den ersten Blick

61 Stevns Klint & Højerup Kirke auf Seeland

Vorsicht! Ein Besuch von Stevns Klint samt der alten Højerup Kirke könnte Glücksorte-süchtig machen. Erstmals hier an diesen Klippen zu stehen, durch die alte Kirche zu gehen, die direkt am Abgrund steht, und vom Balkon aus, der heute anstelle des 1928 abgestürzten Kirchenchors die Kirche ziert, in die Tiefe zu blicken, ist ein Gefühl, wie das erste Mal am Meer zu sein, der erste Schnee der Kindheit, das erste Grün nach langem Winter. Schockverliebt ist hier das richtige Wort. Bis zu 40 Meter in die Höhe ragen die Kreidefelsen von Stevns – und das auf einer Strecke von rund 15 Kilometern. Wenn der Kalk auf dem Meeresgrund das Meer in fast unwirklich wirkendes Hellblau und Türkis färbt und sich die weißen Kreidefelsen dramatisch daraus erheben, wähnt man sich nahezu in einem Landschaftsgemälde der Romantik. Doch die Küste spielt auch für die Wissenschaft eine große Rolle. Sie ist einer der wenigen Orte weltweit, an dem Spuren des gewaltigen Meteoriteneinschlags vor rund 65 Millionen Jahren sichtbar sind.

TIPP
Unbedingt auch den nahe gelegenen Steinbruch Faxe Kalkbrud besuchen!

Und dann ist da noch die alte Højerup Kirke. Es heißt, dass ein in Seenot geratener Schiffer versprach, eine Kapelle zu errichten, wenn er denn gerettet würde. Der um 1250 errichteten Kirche näherten sich die Klippen unaufhaltsam und die Kirche, so erzählt man sich, rückte seitdem jedes Jahr zu Weihnachten einen Steinwurf landeinwärts. Doch selbst diese Geschichte war nicht ausreichend – um 1600 hatte der Felsen bereits den Friedhof erreicht, 1910 wurde die Kirche aufgegeben. Im Jahr 1928 stürzte der Chor ab. Heute ist dieser Teil der Kirche sorgfältig untermauert und der Balkon, der an der Stelle des Chores hängt, ein ganz besonderer Ort. Durch die alte Højerup Kirke zu gehen, umgeben von dieser ganz speziellen Atmosphäre, über den unebenen alten Kirchenboden, vorbei an Kirchenbänken und dann hinauszutreten auf den Balkon und den Blick schweifen zu lassen über das glitzernde Meer und die Kreidefelsen, hinterlässt ein geradezu erhabenes Gefühl. Fast majestätisch. Anrührend.

● Gammel Højerup Kirke, Højerup Bygade 30, 4660 Store Heddinge, Seeland

Wie groß ist ein König?

62

Der Dom von Roskilde

Wie groß Harald Blåtand war, wissen wir nicht. Aber angeblich war es er, der genau an dem Ort eine Holzkirche errichten ließ, an dem Bischof Absalon zwei Jahrhunderte später mit dem Bau des heutigen Doms begann. Ob Absalon ahnte, dass seine Kirche einst ein Bau der Superlative sein würde? Der Dom von Roskilde ist nicht nur eines der ersten gotischen Gebäude in Skandinavien, er ist auch eines der ersten Beispiele der Backsteingotik weltweit.

Und noch etwas ist ganz besonders an Dänemarks sowohl historisch als auch architektonisch bedeutendstem Kirchengebäude: Durch den stetigen Anbau von Kapellen im Laufe der Zeit sind nun im Dom 800 Jahre europäischer Architekturgeschichte quasi unter einem Dach vereint. Ein Besuch des Doms ist also extrem lehrreich – und das auch noch auf besonders bequeme Art und Weise. Außerdem ist der Dom mit seinen himmelaufwärts strebenden Gewölben und dunklen Krypten seit 1995 UNESCO-Welterbestätte und Begräbniskirche mit Grabstätten von 40 Regenten, darunter Margrethe I. und Seven Gabelbart, auch Harald Blåtand soll hier seine letzte Ruhe gefunden haben.

Wer die besonderen Highlights des Doms sehen möchte, sollte unbedingt auf die Uhr achten – zu jeder vollen Stunde gehört dem heiligen Georg, dem aufheulenden Drachen, Kirsten Kimers und Per Døver die Bühne der mechanischen Uhrenfiguren. Echtes Kuriosum des Doms ist die Königssäule. Im Gegensatz zu allen anderen Säulen des Gotteshauses besteht sie aus Granit und ist etwa 300 Jahre älter als das Gebäude selbst. Auf ihr sind die Körpergrößen einiger Könige verzeichnet. Lange Zeit hielt man Christian I. für den „Riesenkönig" – seine 2,19 Meter überragten sogar die Körpergröße Zar Peters des Großen, der 1716 Dänemark besuchte und sich hier verewigte. Leider stellten sich die 2,19 Meter bei einer erneuten Vermessung des Skelettes des Königs als Fake News heraus. Welchen der Könige würden Sie überragen?

TIPP

Mehr Geschichte gefällig? Das Wikingerschiffsmuseum befindet sich ganz in der Nähe.

● Roskilde Domkirke, Domkirkepladsen 3, 4000 Roskilde, Seeland

Prins Axel
Prins Philip Hertug af Edinburgh
Kong Konstantin
Prins Valdemar
Kronprins Fredrik
Bhumibol Konge af Thailand
Kronprinsesse Mary
Chulalongkorn Konge af Siam
Kronprinsesse af Thailand

Kunst in der DNA

63 Musicon und Ragnarock auf Seeland

Auf dem Gelände eines ehemaligen Betonwerks ist ein Stadtteil geboren, der sich in ständiger Entwicklung befindet. Bewegung und Veränderung sind ihm ins Mark graviert, einen Masterplan für den Stadtteil Musicon gibt es nicht. Gesetzt wird auf eine menschenzentrierte Stadtteilentwicklung, bei der den Bürgern bei der Gestaltung des Gebietes, in dem sie leben, eine aktive Rolle zukommt. Musicon versteht sich als Bindeglied zwischen dem historischen Teil der Stadt mit seinen stolzen Traditionen und historischem Erbe und dem weltbekannten Musikfestival, das hier jedes Jahr wie aus dem Nichts von Neuem auf die Beine gestellt wird. Und bereits jetzt ist dieser Stadtteil voller Leben, geprägt von Kunst und Kultur, Musik, Tanz, Streetsport und kleinen nachhaltigen Läden. Eine Entdeckungstour durch diesen lebhaften Stadtteil kommt einer Verjüngungskur gleich – so lebensfroh, frisch und entspannt.

TIPP
Entspannung und Gutes für Leib und Seele gibt's im Café Sct. Hans Have.

Besonders markant ist der Bau des Rockmuseums Ragnarock. Wie ein Tetris-Stein in 3D mit seidenmatt goldschimmernder Hülle liegt es glamourös inmitten des Viertels. Eine rote Tartanbahn führt auf den Eingang zu und direkt in die Welt von Glanz und Glamour, Stars und Fans, Rock and Roll. Bei genauem Hinsehen erkennt man die pyramidenförmigen Elemente aus eloxiertem Aluminium an der Fassade, eine Hommage an die Schaumstoffabsorber an den Wänden von Tonstudios und damit ein sichtbarer Bezug zur Musik. Dem Thema, dem sich das Ragnarock mit Hingabe widmet. Besucher können sich hier in interaktiven Ausstellungen auf eine kaleidoskopische Zeitreise durch die Jugendkultur und Rock- und Popgeschichte seit den 1950er-Jahren freuen. Wie haben Musik und Jugend im Laufe der Zeit die Gesellschaft beeinflusst? Welchen Einfluss haben berühmte Bands wie die Beatles auf junge Fans? Und kann Musik sogar die Welt verändern? Ein spannendes Gegenwartsmuseum, zugleich aber auch Kulturhaus, in dem Konzerte stattfinden, Vorträge gehalten und Filme gezeigt werden. Und unbedingt einen ausgedehnten Besuch wert!

● Ragnarock, Rabalderstræde 16, 4000 Roskilde, Seeland, Tel. +45 46 31 68 54
www.museumragnarock.dk

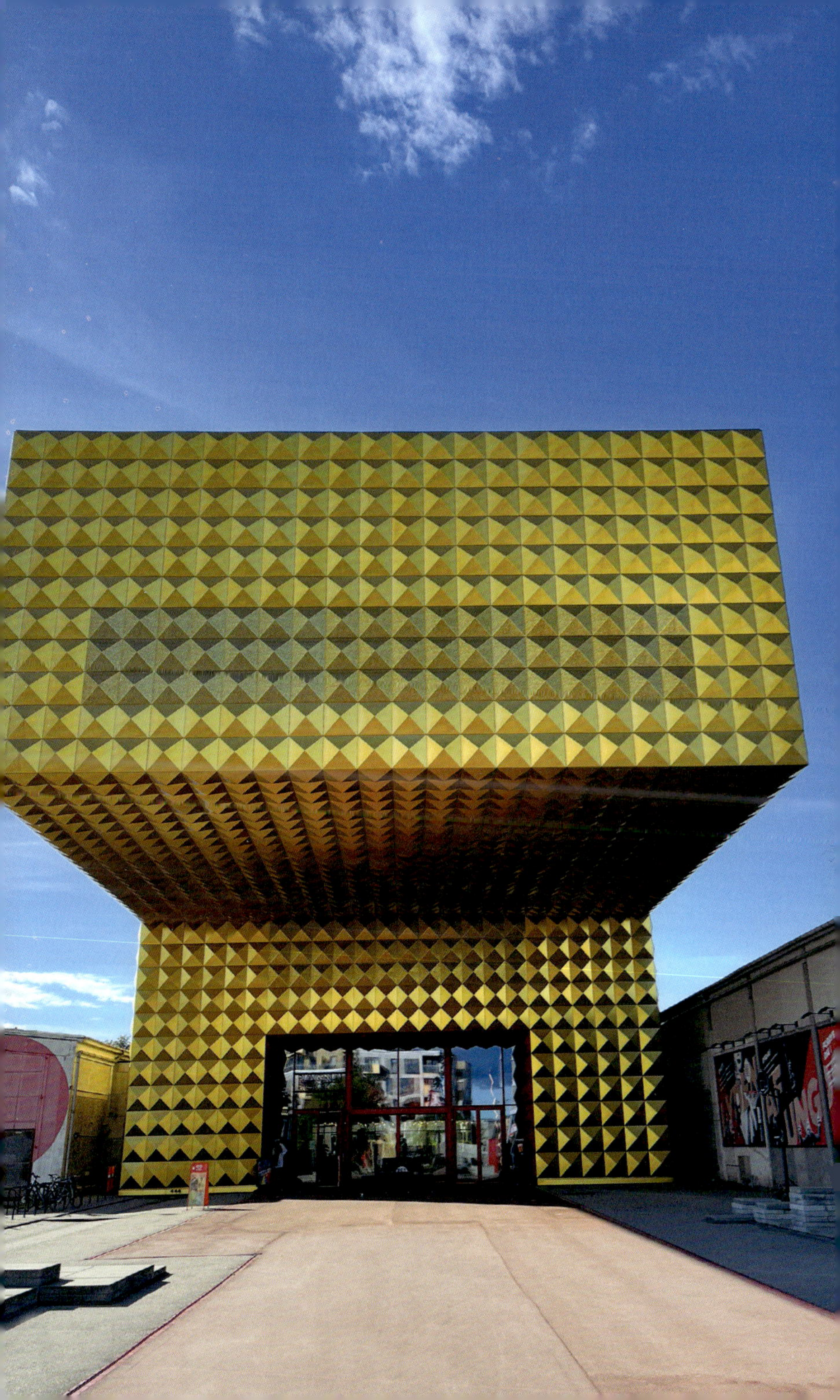

Wie im Wimmelbuch

64

Der Hafen von Gilleleje

Der Blick auf den Hafen von Gilleleje erinnert vor allem in der Hochsaison fast an die aufgeschlagene Seite eines Wimmelbuchs. Zahllose Masten und bunte Wimpel, Segelboote und Kutter an Stegen, der Kaimauer oder hochgelegt auf der Werft. Stellnetzfahnen, Taue in unterschiedlichen Farben und Größen, ausgebreitete Netze, aufgestapelte bunte Fischkästen und dazwischen immer mal wieder das blitzeblaue Wasser, in dem sich vereinzelte Schönwetterwolken spiegeln. Doch im Gegensatz zum Buch erleben Besucher den Hafen des Badeortes Gilleleje mit allen Sinnen. Der leichte Wind, der über die Hafenbecken weht, und die Sonne auf der Nase. Eine Geräuschkulisse passend zum optischen Eindruck – ein Gewühl aus Motoren der Fischkutter, dem Klimpern der Bootsmasten im Wind, Hämmern und Maschinengeheul aus der Werft und immer mal wieder Gesprächsfetzen anderer Besucher, die staunend vor dieser Kulisse verharren. Wie eine wohlkomponierte Hafenmusik.

Aber auch die Nase bekommt etwas zu tun: die salzige Luft, herbe Nuancen von Schiffsdiesel und verführerische Düfte aus den natürlich auch in Gilleleje vorhandenen Möglichkeiten, nach Lust und Laune kulinarischen Genüssen zu frönen. Und dem Duft folgen auch die Möwen, die neugierig alles beäugen, das hier umherläuft, und in Lauerstellung darauf warten, den ein oder anderen Leckerbissen abzustauben.

Allen voran sei da Adamsens Fisk genannt. Mit Sushi Bar & Deli, einem großen Geschäft mit riesiger Auswahl sowie einem Imbiss mit Holztischen und Bänken direkt auf dem Pier gehört Adamsens zu den großen Playern im Hafen des Küstenortes. Hat man das Glück, hier einen Platz zu ergattern und in diesem einzigartigen Flair etwas zu verweilen, vielleicht das ein oder andere zu essen und zu trinken, sollte man alle Anspannung abfallen lassen und genießen. Diese Lebendigkeit, das pralle Leben. Die Stimmung aufsaugen und sich im Geiste kleine Erinnerungskärtchen anlegen, um auch nicht die kleinste Kleinigkeit zu vergessen.

TIPP

Kierkegaard by Nature ist eine interaktive Wanderroute durch Gilleleje.

● Gilleleje Havn, Havnevej, 3250 Gilleleje, Seeland

Am Anfang war ein König

65 Das Lejre-Museum auf Seeland

„Hört! Denkwürd'ger Taten von Dänenhelden" – wem diese Zeile bekannt vorkommt, der hat vermutlich schon einmal von Beowulf gehört. Jenem gautischen Helden, der sich aufmachte, um dem dänischen König Hrothgar (dänisch Roar) beizustehen, ihn vom Ungeheuer Grendel und dessen Mutter zu befreien und am Ende seines Lebens aus einem Kampf gegen einen Drachen siegreich, jedoch tödlich verletzt hervorzugehen. Klingt ein wenig nach J.R.R. Tolkiens Herr der Ringe? Das mag sein, denn schon Tolkien war fasziniert von diesem frühmittelalterlichen angelsächsischen Heldenepos, das er ins moderne Englisch übersetzte und damit aus dem Dornröschenschlaf erweckte.

Hrothgars Königssitz, da ist sich die moderne Forschung mittlerweile einig, befand sich hier in Gammel Lejre – denn auch, wenn das Heldengedicht um Beowulf als fiktiv anzusehen ist, so ist es doch sehr wahrscheinlich eingebettet in das historische Umfeld Dänemarks und Schwedens im 5. und 6. Jahrhundert. Hier in Gammel Lejre fand man mehrere Hallen, alle um die 50 Meter lang und die älteste datiert aus der Mitte des 6. Jahrhunderts – genau wie die, die im Beowulf größtenteils Schauplatz der Erzählung ist.

TIPP

Sagnlandet Lejre besuchen und weiter auf den Spuren der Wikinger wandeln!

Kaum vorstellbar, auf welch historischem Boden man sich befindet, wenn man sich aufmacht, einer der Wanderrouten zu folgen, die vom Museum in Gammel Lejre als Wege, die „in das Herzstück der dänischen Geschichte und in die Anfänge des Königreichs führen" empfohlen werden. So kann man neben weiteren Tourenvorschlägen sowohl auf Beowulfs Spuren wandeln als auch den Wikingern folgen. Und tatsächlich ist auch die Landschaft um diese geschichtsträchtige Stätte spannend – Schiffssetzung, mehrere Grabhügel und Gedenksteine säumen die Routen. Auf keinen Fall verpassen darf man die gut inszenierte Ausstellung des Museums, die die Geschichte der Wiege Dänemarks erzählt, Fragen zu aktuellen archäologischen Funden stellt und vor allem die weltberühmte Odinsfigur zeigt, die hier gefunden wurde.

● Lejre-Museum, Orehøjvej 4B, 4320 Lejre, Seeland, Tel. +45 46 31 65 37
www.lejremuseum.dk

Lejre Museum

Gut beschuht im Regen

66 Ilse-Jacobsen-Shop in Hornbæk

Es gibt sie in Schwarz und in Rot, in Gelb und in Blau. Auch in Grau und Beige sind sie zu haben. Es gibt sie mit Schnürung oder ohne. Und alle lieben sie. Kaum ein Kleidungsstück der dänischen Designerin Ilse Jacobsen ist so begehrt, so oft verkauft und wird so geliebt wie die ikonischen Gummistiefel. In ihnen am Strand entlang zu spazieren, durch Fußgängerzonen zu flanieren oder durch matschiges Gelände zu waten, fühlt sich einfach so richtig dänisch an. Und wer Dänemark liebt, muss zwar nicht unbedingt das Wetter lieben, arrangieren sollte man sich damit aber auf jeden Fall. Und wie ginge das einfacher als in diesen Stiefeln?

Auch Ilse Jacobsen jedenfalls arrangierte sich offenbar mit dem heimischen Wetter. Ihre Kollektion zeichnet sich neben den kultigen Gummistiefeln durch Regenkleidung, Sommerkleider und Schuhe aus. Ihr erstes Geschäft eröffnete sie 1993 im Badeort Hornbæk. Seitdem wuchs das Unternehmen schnell an, heute kann man in fast 30 Ländern der Welt Jacobsens Kreationen kaufen. Und immer war Hornbæk, dieser idyllische Ort an der Nordküste Seelands, ihre Inspirationsquelle. Entspannte Atmosphäre, eine malerische Umgebung mit einzigartigen Wäldern und herrlichen Stränden – dass kreative Geister hier nach kurzer Zeit vor Ideen nur so strotzen, ist leicht nachzuvollziehen.

TIPP
Im Sommer dem Streetfood-Markt Det Fedtede Hjørne unbedingt einen Besuch abstatten!

Aber Hornbæk ist natürlich nicht der einzige Standort geblieben – auch innerhalb Dänemarks sind mittlerweile einige der nordisch puristisch eingerichteten Läden zu finden. Und auch das Sortiment hat sich in den letzten Jahren ein wenig vergrößert. Mittlerweile gibt es unzählige Accessoires wie Regenhüte, Taschen und Schals. Und auch Hundebesitzer können ihre vierbeinigen Lieblinge mit der neuen Kollektion der dänischen Kultdesignerin schmücken – vom Halsband bis zum Hunderegenmantel. Und da wären wir dann wieder – beim dänischen Wetter. Aber egal ob Sonne oder Regen, ob Schneematsch oder Frühlingserwachen: Ein Stopp an einem Ilse-Jacobsen-Shop lohnt sich immer!

● Ilse Jacobsen, A.R. Friis Vej 2 D, 3100 Hornbæk, Seeland

ILSE JACOBSEN
HORNBÆK
FLEECE SOK
ILSE JACOBSEN
HORNBÆK

Perlen der Nordküste

67 Die Leje-Orte auf Seeland

Sie sind aufgereiht wie Perlen an einer Perlenkette: Liseleje, Tisvildeleje und Rågeleje. Seit Generationen ziehen diese Badeorte an der Nordküste Seelands Menschen in ihren Sommer-Bann. Vor allem Kopenhagens Bohème war es, die hier Zuflucht vor der Hektik der Großstadt suchte und manchmal auch vor dem Rampenlicht. Allen gemeinsam ist die grandiose Natur, in die sich die historischen Badeorte schmiegen: unberührte Heidelandschaft, große Waldgebiete, saftige Wiesen und natürlich das Meer, dessen Strände Objekte der Begierde darstellten – und noch immer darstellen.

Ein Besuch an dieser einzigartigen Küste ist wie ein kleiner Ausflug in die Vergangenheit, ein Urlaub wie anno dazumal. Lange Spaziergänge am Strand, Sonnenbaden in den Dünen, die Stille des Waldes oder der endlosen Heideflächen. Eins werden mit der Natur. Urige Läden und hyggelige Cafés im Kern der alten Fischer- und Badeorte, die zum großzügigen Ausgeben von dänischen Kronen und reichhaltiger Aufnahme von Kalorien verführen.

Aber so sehr sich die Orte auch ähneln und den Charme längst vergangener Zeiten versprühen, so sehr hat jeder auch seine Besonderheiten. Rund um Liseleje kann man einen der größten Wälder des Landes, den Grib Skov, entdecken und auch der nur wenige Kilometer entfernte Arresø zieht zahlreiche Erholungssuchende an. Denn so idyllisch und anheimelnd diese Orte auch wirken können, in der Hauptsaison ist hier richtig viel los – Kopenhagen lässt grüßen. Tisvildeleje beansprucht eine lebendige Kulturszene für sich und auch der verwunschene Troldeskoven, Dänemarks ältester Kiefernwald, ist nur einen Katzensprung entfernt. In Rågeleje ist man angekommen, wenn sich der Strandvejen, der entlang Seelands Nordküste führt, plötzlich Richtung Wasser wendet und der Blick auf die malerischen kleinen Badehäuschen am Strand fällt. Schnörkellose Wahrzeichen, die zehntausendfach abgelichtet wurden und ihren Zauber trotzdem nicht verloren haben. Die Perlen entlang der Nordküste Seelands machen einfach glücklich.

TIPP
Zum Sonnenuntergang Aussicht vom Solnedgangsbakken in Tisvildeleje genießen.

● 3360 Liseleje, 3220 Tisvildeleje, 3210 Vejby Rågeleje an der Nordküste Seelands

Nicht nur für Käse-Fans

68

Im Kloster Esrum auf Seeland

Ein Kloster, das Geschmacksfäden zieht? Ja, das gibt es. Und zwar nicht nur aufgrund der Namensgleichheit zum bekannten dänischen Käse. Auch wegen all der Spezialitäten, die es hier im Kloster zu verkosten gibt. Eigenes Bier und örtliche Erzeugnisse wie auch Spezialitäten aus aller Herren Klöster wandern hier tagein, tagaus in Mund und Einkaufstaschen der Besucher. Im Møllecaféen gibt es ganz klassisch Frokost, alles aus besten Bio-Zutaten und in unverwechselbarem Ambiente.

Aber wer hierherkommt, sollte sich natürlich nicht nur für Speis und Trank interessieren, sondern auch das Kloster selbst anschauen. Von der eigentlichen mittelalterlichen Klosteranlage sind zwar nur noch die Wassermühle und der Südflügel erhalten, doch schon diese sprechen die eindeutige Sprache von Macht und Besitz. Hinter den roten Mauern des Südflügels verbirgt sich die spannende Geschichte des Klosters und der Mönche, die hier lebten. Das Klosterinnere wird durch visuelle und akustische Effekte fast zum Leben wiedererweckt und erzählt von der großen Bedeutung, die das Kloster einst für ganz Skandinavien hatte, und dass es der größte Grundbesitzer Nordseelands war.

TIPP

Unbedingt auch den verwunschenen Esrum Sø anschauen!

Und selbstverständlich erfährt der Besucher auch etwas vom Leben der Zisterziensermönche, die unter anderem großes Wissen über Pflanzen und Medizin ansammelten und weitergaben. Zeugnis davon legt der Klostergarten ab mit seinen über 200 Pflanzen, die zu medizinischen oder religiösen Zwecken verwendet wurden. Heute sind die Pflanzen beschildert – auch diejenigen, die im Zuge der Restaurierungsarbeiten in den 1990er-Jahren wieder auftauchten: Pflanzen wie Bilsenkraut, Süßdolden, Königskerze und Schierling, deren Samen seit dem Mittelalter im Boden schlummerten. Das ganze Jahr hindurch gibt es Veranstaltungen für Groß und Klein, die für Besucher das klösterliche Leben im Mittelalter lebendig werden lassen, sowie einen sehr beliebten und besonders stimmungsvollen Weihnachtsmarkt.

● Kloster Esrum, Klostergade 12, 3230 Græsted, Seeland, www.esrum.dk

Zwei Superstars am Øresund

69 Schloss Kronborg in Helsingør

Zwei Superstars, die einem einfallen, wenn man an das imposante Schloss Kronborg direkt am Øresund nördlich von Kopenhagen denkt: Der eine wird sich von seinem Platz in den dunklen Kasematten des Schlosses erheben, sein Schwert ergreifen und Dänemark verteidigen, sobald dieses in ernste Gefahr gerät. Die Betonstatue, die hier seit 1985, manchmal effektvoll im flackernden Schein der Öllampen, den Nationalhelden Holger Danske verkörpert, wirkt ruhig, besonnen, geradezu majestätisch. Der Sagenkreis um Holger Danske, der ursprünglich nach Frankreich gehört, erfuhr seit dem 11. Jahrhundert zahlreiche literarische Neuauflagen. Eine berichtet von sechs Feen, die Holger noch in der Wiege jede eine besondere Gabe mitgeben – er erhält Mut, unermessliche Kraft, ewigen Kampfgeist, Unbesiegbarkeit, Beredsamkeit und Unsterblichkeit und wird so zu dem mächtigen Sagenhelden, wie wir ihn heute kennen.

TIPP

Nebenan das Museum for Søfart in einem einzigartigen, unterirdischen Gebäude besuchen!

Eine weitere Berühmtheit Kronborgs kann in einem Atemzuge mit John Gielgud und Kenneth Branagh genannt werden – und das sind nur einige der Namen, die dieser Figur hier auf Kronborg wieder Leben eingehaucht haben. Die Rede ist von Hamlet – nicht nur Held eines der berühmtesten Theaterstücke aller Zeiten, sondern auch dänischer Sagenheld, dessen Geschichte William Shakespeare zum Verfassen seines Werkes animiert hat. Amletus stammte zwar aus Jütland, Shakespeare verlegte den Ort des Geschehens allerdings kurzerhand nach Helsingør, wo seit 1816 dänische und internationale Ensembles ihre Interpretation des Klassikers zeigen.

Überall wird man auf einer Erkundungstour durch das erhabene Schloss mit seinem grandiosen Innenhof an diese beiden Berühmtheiten erinnert. Aber auch Erik von Pommern und Frederik II., der die mittelalterliche Festung im 16. Jahrhundert im Stil der Nordischen Renaissance erweitern ließ, sind allgegenwärtig. Ein Tag auf Kronborg ist ein Tag voller Einblicke, Anblicke und nicht zuletzt Ausblicke. Ein Tag, der in Erinnerung bleibt!

● Schloss Kronborg, Kronborg 1 B, 3000 Helsingør, Seeland, www.kronborg.dk

DEN
416

Ultima Thule

70 Im Knud-Rasmussen-Haus in Hundested

Vielleicht saß Knud Rasmussen hier einst am Fenster und schaute den tanzenden Sonnenstrahlen auf dem Kattegat zu. Bei klarem Wetter kann man von hier aus bis zur 25 Kilometer entfernten Insel Hesselø sehen. Und manch einer behauptet, man könne sogar bis nach Grönland schauen, wenn man nur genau genug hinsähe. Vielleicht wanderte er hier auf und ab, bemüht, seine Gedanken in Worte zu fassen. Ganz sicher aber verbrachte er hier die ein oder andere Stunde an seinem Schreibtisch, arbeitete an seinen Manuskripten oder plante akribisch eine seiner Expeditionen in die Arktis. Sicher ist auch, dass er und seine Frau hier in diesem Haus, das er hoch oben über dem Küstenort Hundested mit fantastischer Aussicht auf das Kattegat errichten ließ, mit Freunden und Kollegen zusammentraf.

TIPP

Auch der nahe Spodsbjerg Fyr ist ein schönes Fotomotiv.

Heute ist das einstige Zuhause des großen Polarforschers ein Museum, dessen einnehmender stimmungsvoller Atmosphäre man sich kaum entziehen kann. Nach einem Brand im Jahre 2011, bei dem glücklicherweise sowohl Haus als auch das Inventar gerettet werden konnten, wurde das Haus von Grund auf restauriert. Fußböden, Wände, Einrichtung – alles wurde möglichst wieder in den Zustand versetzt, in dem es war, als Knud Rasmussen hier lebte. Ein bisschen hofft man fast auf eine Zeitreise beim Betreten des nächsten Raumes und darauf, dass Knud Rasmussen im nächsten Zimmer sitzt, von seinen großen Expeditionen plaudert, berichtet, wie er die Handelsstation Thule in Nordgrönland gründete, oder Besucher teilhaben lässt an den Mythen, Liedern und Geschichten, die er während seiner Zeit in Grönland kennenlernte und aufzeichnete.

Verlässt man das Knud-Rasmussen-Haus wieder, wähnt man sich in einem Landschaftsprojekt – das Haus im Cottage-Stil, das in dieser grandiosen Landschaft hoch auf der Steilküste thront, und nicht weit entfernt davon das Denkmal für Rasmussen: eine Steinpyramide, errichtet aus Steinen, die in grönländischen Siedlungen gesammelt wurden. Ein historisches Gesamtkunstwerk, das unter die Haut geht.

● Knud Rasmussens Hus, Knud Rasmussensvej 3, 3390 Hundested, Seeland
www.knudrasmus.dk

Bank mit Aussicht

71 Sonnenuntergang in den Veddinge Bakker

Ausgedehnte Spaziergänge oder Radtouren können in den Hügeln von Veddinge wahrlich schweißtreibend sein. Diese grandiose, von der Eiszeit geformte Landschaft bietet dafür aber auch die herrlichsten Blicke auf eine Natur, die ihresgleichen sucht. Veddinge liegt an der Sejerø-Bucht, im westlichen Teil Nordseelands.

Der Weg zum Strand ist leicht, geht es doch immer bergab. Die untergehende Sonne lockt die Menschen an den Strand, die hier im warmen Licht vielleicht noch den ein oder anderen kleinen Schatz finden – einen besonderen Stein, eine Muschel. Vielleicht machen sie auch noch eines dieser Fotos des in Rot, Gelb und Orange eingefärbten Himmels, das die meisten Meerverliebten zuhauf in ihren Alben und Archiven haben, von dessen Anblick sie aber nie genug bekommen können.

Und dann, kurz bevor die blaue Stunde beginnt – diese ganz besondere Zeitspanne der Dämmerung –, machen sie sich wieder auf den Weg zurück in ihre Häuschen. Ein wenig ächzt der ein oder andere schon nach den ersten Metern, die, je nachdem, wo man den kleinen Aufstieg nimmt, tatsächlich auch etwas anstrengend sein können. Da kommt eine Bank gerade recht. Ein wenig an die Seite gerückt, ganz einfach errichtet, lädt sie ein zu einer kleinen Verschnaufpause. Und nicht nur das – denn hier sollte man sich die Zeit nehmen und seinen Blick über Strand und Meeresbucht schweifen lassen. Am Horizont flackern die ersten Lichter auf Sjællands Odde auf, hinter Ordrup Næs verschwindet die Sonne langsam im Meer und man fragt sich, ob es nicht vielleicht doch einmal zischen wird. Dieser fantastische Blick, diese Ruhe, die diesen Platz an der Küste von Veddinge umgibt – das ist womöglich genau das, was man mit purem Glück meint. Der weitere Weg den Hügel hinauf zur Ferienhütte wird zur Nebensache. Einfach das Hier und Jetzt genießen. Es gibt Orte, bei deren Anblick das Herz einen kleinen Hüpfer macht, und sieht man diesen besonderen Platz nur auf einem Bild, entlockt er einem vermutlich einen tiefen Seufzer.

TIPP

Einer der beliebtesten Aussichtspunkte in Odsherred ist der nahe gelegene Esterhøj.

● Veddinge Bakker, Strandaufgang Lyngbakken, 4540 Veddinge, Seeland

Das mystische Waldvolk

72 Die Ulkerup Sjælene auf Seeland

Wandert man in der Abenddämmerung durch den Wald von Ulkerup, so kann es passieren, dass man ein deutliches Flüstern wahrnimmt. Denn zu dieser Zeit beraten sich die ruhelosen Seelen von Ulkerup. Einst lag hier mitten im Wald das gleichnamige Dorf. Im 12. Jahrhundert oder sogar noch früher angelegt, existierte es bis 1782. Die Bewohner von Ulkerup waren Bauern, die vor allem von der Viehzucht lebten. Das Gebiet gehörte der Krone, die Bauern entrichteten ihre Pacht in Form von Naturalien, die nach einer Viehpest nicht mehr aufgebracht werden konnten. Die Bewohner Ulkerups verarmten und begannen, ihr Dorf zu verlassen. Wenig später kam es im Zuge der Aufforstung dänischer Wälder zur Zwangsumsiedlung des übrig gebliebenen Dorfes.

TIPP
Nur wenige Kilometer entfernt vor der Küste liegt der bekannte Lommestenen.

Und obwohl historisch gut dokumentiert, ranken sich zahlreiche Geschichten um das „verschwundene" Dorf samt dessen Bewohnern – ganz in der Tradition der seit dem Mittelalter existierenden volkstümlichen Geschichten über Waldvölker. Und so erzählt man sich auch hier im Wald von Ulkerup seit Langem, dass die Ulkerup Sjælene, die Ulkerup-Seelen, noch immer im Wald sind, wir Menschen sie nur nicht sehen können.

Dies änderte sich 2011, als die Künstler Per Pandrup und Martin Nybo Jensen die Geschichte des verschwundenen Ulkerup-Volkes visualisierten. Sie platzierten sieben in Kutten gekleidete Keramikfiguren in der Nähe des ehemaligen Walddorfes. Die Figuren stehen in einem Kreis, geradeso als hielten sie eine kleine, geheimnisvolle Versammlung ab. Ein Jahr später kamen zwei weitere Kuttenträger hinzu, etwas abseits des Kreises. Jede der Figuren trägt ein Symbol aus Religion oder Mythologie auf ihrer Kutte, das sie eindeutig identifiziert. Mit etwas Glück kann man dem konspirativen Flüstern lauschen, mit dem die Ulkerup Sjælene noch immer versuchen, eine Lösung für ihre missliche Lage zu finden und ihrem Schicksal der Umsiedlung zu entgehen. Des Nachts, so erzählt man sich, werden die Figuren mitunter lebendig und suchen ihre früheren Hofstellen auf.

● Ulkerup Sjælene, 4572 Nørre Asmindrup, Seeland

Fisch mit Ausblick

73 Bei Odden Fisk auf Sjællands Odde

Sich ein Brötchen beim Bäcker kaufen, dann durch Havnebyen hinunter zum Hafen flanieren und bei Odden Fisk einkehren, um einen Fisch für die perfekte Verpaarung zum Fischbrötchen zu erstehen. Sich danach ein Plätzchen im Hafen suchen, vielleicht an einem der zahlreichen Picknicktische mit Blick auf die weißen Segel der Boote, die hier im kleinen Hafen liegen. Eine unschlagbare Aussicht auf blau funkelndes Meer, frische Seeluft, kitzelnde Sonnenstrahlen auf und paradiesisch leckeren Fisch vor der Nase. Odden Fisk ist ein kleines Eldorado für Fischliebhaber. Hier gibt es alles – vom frischen Fang über selbst geräucherte Delikatessen bis zu kleinen Gerichten in den Sommermonaten. Fischfrikadellen mit Brot und Remoulade, gebratenes Fischfilet, warm geräucherter Lachs oder Fischtapas – die Auswahl ist groß. Gegen einen kleinen Aufpreis gibt es alles auch zum Mitnehmen und dem Picknick in grandioser Umgebung steht nichts mehr im Wege.

Für alle, die auch den Geist füttern wollen, ist die kleine Ausstellung Tun & Tunfiskere im Hafen interessant, die über die Zeitspanne berichtet, in der Havnebyen Hochburg des Thunfischfangs war. Vielleicht findet man auch ein Plätzchen in der Nähe oder zumindest mit Sicht auf eine architektonische Perle, die sich hoch oben über Stadt und Hafen befindet. Es handelt sich um eine weitere Räucherei, die Fiskerøgeri Sjællands Odde, für deren ikonisches Gebäude kein Geringerer als der weltberühmte Architekt Arne Jacobsen verantwortlich zeichnet. Dieser Ort ist nicht nur von kunsthistorischem Interesse – ein kleines Magenknurren, das sich einstellt, wäre auch nicht verwunderlich, denn hier wird noch geräuchert. In altmodischen Öfen mit Erlenholz und Buchensägemehl. Die weiß gekalkten Mauern und die roten Dachziegel des alten Gebäudes bilden einen scharfen Kontrast zum blauen Sommerhimmel, den lediglich einige Schönwetterwolken zieren. Von hier oben öffnet sich ein atemberaubender Blick über Hafen und Meer – besser geht es kaum!

TIPP

Im Sommer gibt es einen Vinvogn – einen Weinstand – bei Ørnberg Vin auf Sjællands Odde.

● Odden Fisk, Vestre Havnevej 39 A, Havnebyen, 4583 Sjællands Odde, Seeland
www.oddenfisk.dk

Ein Hügel mit Herz

74

Vejrhøj auf Seeland

Ein Volksmärchen berichtet, dass am Fuße des Vejrhøj ein Drache läge, der drei goldene Eier ausbrüte. Und wenn man sich diesem bronzezeitlichen Grabhügel nähert, der zudem noch auf einem der höchsten Punkte Seelands liegt, bekommt man eine Vorstellung davon, wie solche sagenhaften Geschichten entstehen. Wirklich beeindruckend, wie er sich aus dieser ohnehin schon grandiosen hügeligen Landschaft erhebt, die während der letzten Eiszeit entstand. Hier einen schlummernden Drachen unter der Erde zu vermuten, ist gar nicht so abwegig, beachtet man die Form des Hügels.

Von oben ist Vejrhøj nicht weniger imposant. Auf 121 Metern über dem Meeresspiegel eröffnet sich ein prächtiger Blick auf die Sejerøbucht und den heute trockengelegten Lammefjord. Bei klarer Sicht kann man von hier oben ganze 27 Kirchen erspähen, darunter auch den Dom von Roskilde.

TIPP

Ein Besuch des Dragsholm Slot ganz in der Nähe lohnt sich!

Mit etwas Glück erkennt man auch das Vejrhøj-Herz von hier oben aus, das flach auf einer Erhebung liegt und mit seiner Größe von 100 mal 110 Metern weithin sichtbar ist. Im Sommer hebt es sich im grellen Grasgrün von der Landschaft ab, doch zur Weihnachtszeit wird es erleuchtet und bringt Licht in die winterliche Dunkelheit der Region. Es ist eine mittlerweile liebgewonnene Weihnachtstradition, die jedoch einen ernsten Hintergrund hat. Ove Geldstrup erschuf 1996 dieses Herz auf dem brachliegenden Feld eines Freundes als Erinnerung an seinen Sohn, den er ein Jahr zuvor verloren hatte. Anfangs zündete Ove die 46 Lichter, die das Herz zum Leuchten bringen, für seinen Sohn an, doch mittlerweile, sagt Ove, tue er das auch für all die vielen Menschen, denen die Lichter Freude bringen. Und so habe sich, fährt der 75-Jährige fort, das Herz zu etwas Gutem verwandelt. Mittlerweile werde sein Herz sogar als „kleines Wahrzeichen von Odsherred" bezeichnet. Aufmerksame Besucher werden an und in vielen Häusern der Gegend das Vejrhøj Hjerte im Kleinformat beziehungsweise als Bild entdecken – ein Zeichen von Anteilnahme und Verbundenheit.

● Vejrhøj, 4540 Fårevejle Kirkeby, Seeland

Stille Schönheit

75

Unterwegs auf Ordrup Næs

Dünen, Wald und Strand, die zu einem Bild verschmelzen. Genau dieser Eindruck bleibt nach einem Besuch von Ordrup Næs, einer Halbinsel, die Sejerø und die Nekselø-Bucht voneinander trennt. Vor mehr als 17.000 Jahren geformt, besteht die Oberfläche der Halbinsel aus Moränenton und Schmelzwassersedimenten wie Sand und Kies. An der Spitze der Landzunge wurden Lagerplätze aus der Steinzeit nachgewiesen – ein Ort also, der schon damals seine Vorzüge hatte.
Auf steinigem Strand, entlang saftiger Wiesen, auf einer beachtlichen Steilküste und über hügelige Weiden können Besucher Ordrup Næs umrunden. Trittfest sollte man also sein und vor allem sollte man sich ohne Termine im Hinterkopf zu einer Tour auf der Halbinsel aufmachen. Denn immer wieder lädt die fantastische Aussicht auf die Sejerø-Bucht und Sjællands Odde in der Ferne dazu ein, ein wenig zu verweilen und einfach zu genießen. Der Anblick des oftmals geradezu hellblauen Meeres bleibt einem in Erinnerung – viel besser als jedes Foto dieses Bild jemals festhalten könnte. Umso wichtiger, sich hier die Zeit zu nehmen und diese großartige Natur aufzusaugen, den Moment zu inhalieren und so gut wie möglich im Inneren abzuspeichern. Unbedingt mit Sicherheitskopie – denn spätestens hier wird man gewahr, dass die eigene Erinnerung an diesen Augenblick verblassen wird, einfach, weil es unmöglich scheint, die ganze Schönheit bewusst zu registrieren.

TIPP

Bei gutem Wetter Badesachen nicht vergessen!

Es ist ein Ort, der anrührt – ohne spektakuläre Attraktionen. Es ist Demut vor der Natur, die einen hier unweigerlich überkommt, und Dankbarkeit darüber, auf Ordrup Næs, wenn auch nur für kurze Zeit, zu Gast sein zu dürfen. Es ist ein stiller Ort. Und obwohl es ein paar Ferienhäuser auf der Landzunge gibt, wird man hier meist unterwegs sein, ohne vielen Menschen zu begegnen. Und wenn man doch einmal jemanden trifft, dann ist es wie ein stilles Einverständnis darüber, dass man Abstand halten, dem anderen dieses friedvolle Naturerlebnis nicht nehmen wird und einfach weiter seines Weges geht.

● Ordrup Næs, Næsvej 72, 4540 Fårevejle, Seeland

Seelands Hawaii

76 Haveje am Gudmindrup-Strand

Sprechen Sie möglichst mit amerikanischem Akzent das dänische Wort Haveje aus und wo landen Sie? Richtig! Hawaii lässt grüßen. Hier in der Strandbar am Gudmindrup-Strand herrscht eine lässige Atmosphäre. Das Mobiliar aus Paletten, Strandsand unter den Füßen, Dünen im Blick. Geordert wird an der stylishen Theke, die Karte ist übersichtlich und wenn man hier etwas finden möchte, sollte man schon Fan von Burgern und Pommes sein. Aber die sind es unbedingt wert, probiert zu werden – denn es sind nicht nur das Meeresrauschen, die salzhaltige Luft oder die großartige Kulisse, die diesen Imbiss zu etwas Besonderem machen. Burger gibt es mit Rindfleisch und auch in vegetarischer Variante, außerdem steht auch ein Burger extra für Kinder auf der Karte.

TIPP
Unbedingt einen langen Spaziergang am Strand und in das ausgedehnte Dünengebiet unternehmen!

Aber hier kann man nicht nur essen, trinken und sich des Lebens freuen – im Sommer gibt es manchmal Livemusik und Besucher können hier auch kreativ werden. Neben der Bar liegen hölzerne Surfbretter, Pinsel und Farben bereit und warten darauf, benutzt zu werden. Nicht nur Kindern macht es in dieser fantastischen Atmosphäre Spaß, der Kreativität freien Lauf zu lassen. Ist es die salzhaltige Meeresluft oder sind es vielleicht doch die hervorragenden Burger, die die Fantasie anregen?

Aber neben dem guten Essen und Trinken, der gechillten Stimmung und der Möglichkeit, seinen künstlerischen Fußabdruck zu hinterlassen, ist es vor allem die Natur, die Menschen an den Strand von Gudmindrup zieht. Egal ob ausgiebiger Strandspaziergang bei Wind und Wetter, sommerlicher Badetag oder gemütliches Verweilen am Meer. Die Dünen, die denen an der Westküste Jütlands in nichts nachstehen, und ein weißer Sandstrand machen so gut wie jeden Besucher zum Wiederholungstäter. Eben genau wie die Burger, die man an der Strandbar Haveje nicht verpassen sollte. Und auch das Motto der Bar darf man sich zu Herzen nehmen. Denn im Haveje ist „der Himmel höher und weniger Abstand zwischen dir und mir. Also schalte dein Handy aus und genießt die Zeit miteinander!“

● Haveje Gudmindrup, Gudmindrup Strandvej 59, 4573 Højby, Seeland

KASTBERG
GOURMET

Gemüse vom Meeresgrund

77 Lammefjordens Spisekammer in Fårevejle

Als Lammefjord bezeichnet wird sowohl ein Teil des Isefjords im nördlichen Seeland als auch die eingedeichte Fläche, die diesem Fjord im Laufe der Zeit abgerungen worden ist. 6000 Hektar ist das Gebiet groß, das schon vor der Eindeichung bei Niedrigwasser in weiten Teilen durchwatet werden konnte. Kanäle, Deiche und eine Pumpstation wurden errichtet und heute liegt das gesamte Gebiet gute 7 Meter unter dem Meeresspiegel. Den ehemaligen Meeresboden zu dem heute fruchtbaren Boden zu machen, war ein hartes Stück Arbeit und bis heute läuft die Pumpstation regelmäßig, um die gewonnene Fläche zu erhalten. Der uralte Meeresboden hat den Boden mit vielen Nährstoffen angereichert und so einzigartige Bedingungen geschaffen.

Gemüse aus dem Lammefjord gilt als Qualitätssiegel, die zahlreichen Muschel- und Austernschalen im Boden verleihen allem Angebauten einen einzigartigen Geschmack. Das machen sich auch Karin und John Nielsen zunutze, deren Hof Vestergaard an der geraden, langen Straße liegt, die entlang zahlreicher Felder durch das platte Land führt, das die Grundlage für Lammefjordens Spisekammer bildet. Im Hofladen bekommt man alles, was das Herz begehrt und die Saison hergibt. Köstlichste Bete in Weiß, Gelb oder geringelt (im Dänischen heißen sie Bolchebeder, bezaubernd, oder?), Blumenkohl in Lila, Gelb oder Grün und auch bunte Karotten und Kartoffeln, Schwarzkohl und Grünkohl, so zart wie man ihn noch nie zuvor gegessen hat, machen es schwer, nicht mit prall gefüllten Papiertüten nach Hause zu gehen. Ein wechselndes Angebot direkt vom Feld, nicht gewaschen, sondern meist noch mit Erde daran – frische und höchste Qualität wird hier großgeschrieben. Großartig – denn hier kann man nach Lust und Laune mixen und einfach das kaufen, worauf man Lust hat oder was man unbedingt probieren möchte. Keine Mindestmenge, keine starren Gebinde. Und dazu gibt es – mit etwas Glück – noch dänische Rezepttipps von Karin. So macht Kochen in Dänemark wirklich glücklich!

TIPP

Auf der Homepage gibt es viele Rezepte.

● Gårdbutik Lammefjordens Spisekammer, Adelers Allé 102, 4540 Fårevejle St., Seeland, www.lammefjordens-spisekammer.dk

LERI...
15.-
SORTKÅL...
IKKE SPRØJTET
20.-
PR STK
GLASKÅL...
IKKE SPRØJTET
15.-
PR STK

Alter Zufluchtsort

78

Die Næsholm Borgruin

Vom kleinen Sandparkplatz am Nygårdsvej aus bietet sich dem Besucher der beste Blick auf die heute fast etwas unscheinbar wirkende Næsholm Borgruin. Die Burg von Næsholm wurde um das Jahr 1280 errichtet, gleichzeitig staute man das Wasser des dort vorhandenen Moores, sodass Næsholm auf allen Seiten von kühlem Nass umgeben war. Zu der kleinen Insel im jetzigen Nygård Sø führte eine etwa 80 Meter lange Holzbrücke. Brandspuren sowie die Datierungen zahlreicher Münz-, Keramik- und Waffenfunde belegen, dass die Burg um 1340 in einem Kampf zerstört und nicht wieder aufgebaut wurde. Steine wurden benutzt, um andernorts Bauten zu errichten, und der See fiel nach und nach wieder trocken. Erst Anfang des 21. Jahrhunderts begann man, den Resten Næsholms wie auch dem Nygård Sø wieder mehr Beachtung zu schenken. Die Holzbrücke wurde rekonstruiert und ein See, mittlerweile wichtiger Rastplatz für Zugvögel, wieder aufgestaut.

Næsholm wird in schriftlichen Quellen nicht erwähnt und somit ist weder bekannt, wem die Burg gehörte, noch welchen Zweck sie hatte. Ob sie ein Burgvogt Valdemars sein Eigen nannte, die Burg ein Verwaltungszentrum war oder sich ein mächtiger Adliger aus der Region hier sein Reich schuf, wird wissenschaftlich diskutiert. Momentan geht man davon aus, dass die Burg zum Rittergut Nygård gehörte und als Zufluchtsort diente, also nicht permanent bewohnt war. In unsicheren Zeiten, womöglich mit immer wieder aufflammenden Bürgerkriegen, von denen auch die Zeit zwischen dem Tod König Valdemars II. und der Regentschaft Valdemars IV. gekennzeichnet war, war eine solche Zufluchtsstätte eine Lebensversicherung im wahrsten Sinne des Wortes. Und heute? Heute spürt man hier an diesem Ort den berühmten Flügelschlag der Geschichte und kann eintauchen in eine Welt, die uns mehr Fragen als Antworten hinterlassen hat.

TIPP

Ganz in der Nähe: In Nykøbing in der Nygårdens Gårdbutik Obst selbst pflücken.

● Næsholm Borgruin, Nygårdsvej, 4573 Højby, Seeland

Die Sonne & das Pferd

79 Solvognens Fundsted – Fundort des Sonnenwagens

An einem Septembertag im Jahr 1902 pflügte Frederik Villumsen ein Stück Land im Trundholm Mose und machte einen der bedeutendsten bronzezeitlichen Funde Europas: den Sonnenwagen. Erst fand er ein Bronzepferd, danach Teile einer vergoldeten Scheibe. Nach und nach fügten Archäologen des Nationalmuseums bei späteren Grabungen immer weitere Bruchstücke dieses einzigartigen Artefakts hinzu und arbeiteten sie in die heute im Kopenhagener Nationalmuseum befindliche Bronzestatue ein.

Nicht nur dem Sonnenwagen, Solvognen, kann man heute einen Besuch abstatten, auch der Fundort dieser Kostbarkeit aus der Bronzezeit kann besichtigt werden. Am Ende einer langen, schmalen Straße, die durch das ehemalige Moorgebiet führt, erwartet die Besucher ein monumentales Kunstwerk in Form eines großen bronzenen Tores, das in die offene Landschaft führt. Auf einem etwa einen Kilometer langen Rundweg kommen Besucher zum tatsächlichen Fundort, den ein Stein kennzeichnet.

In die großen Wände am Eingang wie auch in der Nähe der Fundstelle wurden Reliefs eingearbeitet, die von der Religion der Bronzezeit erzählen und dem Sonnenwagen einen kulturellen Hintergrund geben. Auf dem Sonnenwagen steht das Pferd, das die Sonne am Tag über den Himmel und nachts durch die Unterwelt zieht. Sonne und Pferd wurden auf einen Wagen gesetzt, um die Bewegung der Sonne zu veranschaulichen. Ein weiteres Relief zeigt, wie sich Archäologen eine Prozession der Sonnenkultanhänger sowie die Opferung des Sonnenwagens vorstellen.

Es ist ein bedeutender historischer Ort, an dem mit ein wenig Fantasie Geschichte lebendig wird. Ein eigens für den Fundort produzierter Podcast kann mittels QR-Code geladen werden und beim Spaziergang über diese historischen Flächen der eigenen Vorstellungskraft auf die Sprünge helfen. Wem die 3500 Jahre, die man in der Geschichte gedanklich zurückgehen müsste, zu viel sind, der kann sich einfach an dieser friedlichen, unaufgeregten Landschaft erfreuen und entspannt durchatmen.

TIPP

Im Odsherred-Museum in Nykøbing Sj. ist eine Kopie des Sonnenwagens zu sehen.

● Solvognens Fundsted, 4573 Højby, Seeland

Tief im Westen

80

Die Halbinsel Røsnæs

Traumhafte Ausblicke über Küste und Meer, die einem den Atem rauben. Das verspricht ein Besuch auf der Halbinsel Røsnæs. Ganze 15 Kilometer erstreckt sich die Halbinsel in den Storebælt und hat man die Spitze erreicht, befindet man sich am westlichsten Punkt der Insel Seeland. Auf spannenden Küstenwegen kann man Røsnæs zu Fuß oder mit dem Rad erkunden – da ist für jeden die richtige Route dabei. Die längste von ihnen, Røsnæs Rundt, führt Besucher auf 25 Kilometern einmal um die Halbinsel herum. Auf ihr kann man die ganze Schönheit dieser zauberhaften Natur erleben. Die Strecke führt zu landschaftlich besonders schönen Orten und grandiosen Aussichtspunkten, an einigen von ihnen können Besucher etwas über die spannende Geschichte von Røsnæs lernen, andere wiederum laden zum Verweilen ein und dazu, einfach den Moment zu genießen.

TIPP

Der sehenswerten Ulstrup Mølle einen Besuch abstatten!

Der etwas gedrungen wirkende, 15 Meter hohe Leuchtturm Røsnæs Fyr steht an der äußersten Spitze der Landzunge. Hier sollte man den wunderschönen Ausblick und die interessante Ausstellung keinesfalls verpassen. Außerdem kann man sich im kleinen Café bei Kaffee und Kuchen stärken, am besten auf einem der hübsch angelegten Außenplätze, und die eintreffenden Wanderer und Spaziergänger betrachten, auf deren Gesichtern sich angesichts dieses grandiosen Fleckchens Erde unweigerlich ein wohliges Entzücken breitmacht.

Apropos grandioses Fleckchen: Røsnæs zählt statistisch gesehen zu den sonnenreichsten Gegenden in Dänemark und was bietet sich mittlerweile auch in Skandinavien in solchen Regionen an? Richtig, Weinbau! Auf Rønæs sind vier Weingüter beheimatet, die eine Fläche von etwa 18 Hektar bewirtschaften und stolze 75.000 Flaschen Wein im Jahr produzieren. Was für ein Glück, hier zu Fuß unterwegs zu sein! Auf Dänemarks größtem Weingut, dem Dyrehøj Vingaard, können in wahrlich hyggeliger Atmosphäre preisgekrönte Weine verkostet werden. Nach einem Tag in malerischer Natur ein erstklassiger Abschluss.

● Halbinsel Røsnæs, 4400 Kalundborg, Seeland

Café Fyret

TAK | DANKE

Danke für großartige Gespräche und Inspiration, herzliche Begegnungen und fantastische Unterstützung. Ich danke Susanna & John Riach, Annette Reimers Sønksen & Steen Dart, Claus Rex, Swantje Niphut, Inge Fisker, Kamma & Jakob Kronborg, Sabine Majus sowie Ute Voges für ihr Vertrauen. Sidst men ikke mindst takker jeg min mor Ellen, min mand Stephan og vores søde hund af hele mit hjerte.

Bibliografische Informationen der Deutschen Nationalbibliothek
Die Deutsche Nationalbibliothek verzeichnet diese Publikation in der Deutschen Nationalbibliografie; detaillierte bibliografische Daten sind im Internet über http://dnb.d-nb.de abrufbar.

Konzeption/Satz: Droste Verlag, Düsseldorf
Einbandgestaltung und Illustrationen: Britta Rungwerth, Düsseldorf, unter Verwendung von Bildern von © Fotolia.com: jd – photodesign.de; © iStock: Plociennik Robert
Fotos:
Sibille Fuhrken, außer: Frederiksdal Gods: S. 113; Stephan Frieling: S. 85, S. 87; Kaffe Kammas: S. 29; Kronborg Slot: S. 145; Daniel Villadsen: S. 125; Visit Fyn/Mikkel Jézéquel: S. 71; Visit Langeland/ Jette Nevers: S. 93
Textlektorat: Annedore Fausak, Neuss

MIX
Papier | Fördert gute Waldnutzung
FSC® C011279
FSC www.fsc.org

Druck und Bindung: LUC GmbH, Greven
ISBN 978-3-7700-2438-4

www.droste-verlag.de